नमः सर्वज्ञाय

基础梵文教程

余嘉惠　著

社会科学文献出版社
SOCIAL SCIENCES ACADEMIC PRESS(CHINA)

本书的出版受到中央民族大学东亚佛教研究中心的资助

目　录

第一部分：字母

第二部分：连音变化

第三部分：名词性词的八格

第四部分：分词

第五部分：动词

第六部分：语态、语气、时态

序　一

嘉惠出了她的第一本书，值得祝贺。知道嘉惠将有一本梵文教材出版，是在两个多月以前。不过教材付印在即，她来向我索序，却是没想到的。她是一个积极进取，热情投入，勤勉而不肯稍息的人。作为年齿虽长而少有作为的人，后辈有此成绩，我很高兴。

嘉惠生已失怙，全靠母亲抚养长大。母亲在她大学毕业不久亦复辞世。她生活的艰难，际遇的坎坷，显然，不是我们数十年上蒙呵护，下得承欢的平常人容易想象，虽万千语所可尽道的。但是，她性格的独立、坚韧，处事的勇毅、果决，却多少可以从她的身世中求得答案。

她的学历并不复杂。中学毕业后，她考入了中央戏剧学院戏剧文学系。由此不难推断，她是希望用她的笔，来开拓她未来的人生道路的。未几她对佛教思想产生了浓厚兴趣，遂弃文就理，投于程恭让教授门下，开始深入佛教理论，完成了她的硕士学业。其间她接触了梵文，进而萌发了一窥佛教原典的意愿。于是她再度问学于刘成有教授，在教授的指导下，数易其稿，以梵藏汉对勘的形式写成博士论文，获得学位。读博期间，她跟随源流法师深入学习梵文，由于刻苦用功，渐得其味，至于法师以助教身份见委，代为辅导学员。揆以教学相长之理，一定梵文基础的奠定，当在此时。

2010 年 9 月，中国社会科学院梵文研习班成立，郭良鋆老师和我作为院属梵文中心成员，负责讲授初等课程。嘉惠前来就学，就此开始了一段师生缘。正凭这一因缘，当她提出写序的要求时，我答应了，而未佯辞再三，作不获已状。书稿我已见到，不过由于时间紧迫，匆匆只能一览结构，未及内容。但是，对我来说，即使阅读了内容，就有能力评判其优劣得失，说出有见地的话吗？

未必；或毋宁说没有。所以，我为此文，端在鼓励。我想这正是她需要的。生活使她敏于感受，勇于做事。当不少她的同龄人还身处啃族的时候，她已经不得不独自思考未来；而当一众学子依然逡巡歧路的时候，她已经开始写书。应该说，这不偶然。

对于本书，我确实希望它能以新貌示人，为有意学习者提供较为平坦的途径。对于博识者，我则切盼其不吝斧斤，对它严加批评，期于改订之时，俾得有所遵循。

葛维钧谨识

2018年8月19日

序　二

余嘉惠博士是我指导的学生。第一次见她是 2012 年的冬天，她穿着一件深色的大衣，安安静静地坐着。当时她是第一次见导师，没有一丝怯懦。听完我对博士生的要求后，坚定地说了一句话，令我印象颇深：“刘老师，我不一定能成为您最好的学生，但我一定是一位最有特点的学生。”入学后，需要博士生尽早确定自己的研究方向。我一向认为博士生的学位论文，一定要从学生自身的兴趣和长处出发。我的研究兴趣，学生不一定感兴趣。博士生阶段的学术研究，自然要扬长避短。如果再加上个人的兴趣，学术研究才有乐趣，学术成果的质量才会有保障。在指导学生论文写作的过程中，我的作用，主要是将学生自身的兴趣和长处引向具有学术前沿性、可延展性的论文选题。但嘉惠的选题还是大出乎我的意料！她要研究早期印度部派佛教中说一切有部的思想，并且是以梵汉对勘《阿毗达磨俱舍论》其中的一品为方法。虽然我知道她在硕士期间就开始学习梵文了，但梵文作为一门文献语言，它的难度在学界是众所周知的，我无法确定她的梵语基础能否完成这一艰巨的学术研究任务。但面对她的认真和执着，我只能鼓励。后来，在她和挪威留学生释圆明法师（主要研究早期佛教中的心解脱与慧解脱的关系问题）的论文开题报告环节，我尝试将她们的开题报告办成一场小型的学术研讨会，邀请相关领域的著名研究专家法光法师、张风雷教授、张文良教授、惟善法师、孙悟湖教授和中国佛学院的源流法师莅临指导。各位教授对嘉惠的写作计划给予充分肯定的同时，也提出了许多宝贵的意见。

由于论文的难度较大，嘉惠主动申请延缓一年毕业。她最终提交的论文，逻辑清楚、条理分明、论证有力。嘉惠的博士学位论文答辩委员会（成员有比利时根特大学巴德胜教授、张风雷教授、池田将则教授、班班多杰教授、孙悟湖教授）一致认为，该论文对于《俱舍论》“根品”的对勘研究达到了一个学者该有的高度。且不说论文的学术成就如何，单就凭知难而上的这个劲儿，足以配得上一个博士的头衔了。拿着她沉甸甸的论文，我想着应该推荐她到一个怎样的学术机构，才能继续她的兴趣，才能不负她下的这一番苦功。没想到她对未来的计划又大出乎我的意料。她郑重地跟我说：“刘老师，我想在咱们学院开一门梵文课。作为佛学研究的一个方法，原典语言的掌握实在是太重要了。所以我希望有更多的人能够学习梵文。”在此之前，我虽然知道她在中国佛学院跟随源流法师做助教，但是独立授课这还是第一次。我稍有点犹豫，她大概是看出来了，再一次坚定地说：“刘老师，我知道学习这门语言的方法和难处，您相信我，我一定能教好，因为这就是我的理想，成为一名教授基础梵文最好的老师。”我不得不承认，她那不容置疑的坚定着实感染了我，我选择信任她。

2017 年 3 月，我们在学院试开了跨学校、跨院系、跨年级的梵文课。报名 60 人，来自各个大学的相关专业研究者和学生，经过一年的学习，坚持下来的居然有 40 人！这就是第三次大出乎我的意料。因为梵文这种课程，慕虚名者多，着实工者少；下决心者多，具恒心者少。能坚持不懈实在难能可贵！一学年结束后，嘉惠举着她的教案放在我的面前，又是一个冬天，她说，这个教案增删了不下十次，她想出版，就叫《基础梵文教程》。

我还会犹豫吗？

无论是佛学的研究，还是印度哲学、印度文学、印度宗教等印度学的研究，梵文作为一门原典语言，其重要性是不争的事实。它不仅能够给我们研究者提供一种更为有效的方法，更能开阔我们研究的广度和深度。以佛学研究为例，近百年来，国际学术界已经出版了很多关于梵文佛经的校刊本，然后以这些本子作为研究对象进行解读、翻译、对勘、研究，有了很多学术成果，甚至还就此编纂了大批工具书。但很遗憾，我们国家直到 20 世纪才开始注意到这股国际研究潮流，虽然有陈寅恪、汤用彤、吕澂、季羡林等诸位先生的大力推广，然毕竟学人有限，通梵文者是少之又少，以至于在民间一度被称为“绝学”。

难得的是，近年来，对于这些原典语言的重视度越来越高。又有一大批像嘉惠这样的学生，能够不怕清冷、不怕繁杂，甘心拿出自己最青春的时光研习这样一种“枯燥”的语言，而只作通往殿堂之阶梯用。这是值得欣慰的，这也是做学问绕不过去的一条正途。同样令人欣慰的是，像她一样年轻的一代中国佛学研究者，正在作为一个群体而逐渐壮大，同时，他们的研究视野与方法也在自觉地融入国际佛学研究中心。借此时代因缘，2016 年 11 月成立的中央民族大学东亚佛教研究中心，致力于东亚佛学研究的交流与合作，经常聘请日本、韩国的佛学专家来京进行学术交流，每年举办一两次《大乘起信论》与东亚佛教的专题学术研讨会，开办梵文学习班，资助出版《东亚佛学评论》半年刊及其他东亚佛学研究专著、译著，其学术影响力日益显现。实际上，这部《基础梵文教程》，从开始酝酿就已列入中心的出版规划。

在这部《基础梵文教程》付梓之际，受嘉惠之托，略述以上三大“出乎我的意料”，权充为序，聊与有志于佛教学术研究的同人共勉。同时，我也衷心期盼，这部教程的出版，能够给各位有志于学习梵文的有缘人带去快乐、带去希望！

刘成有

2018 年 7 月 24 日

于中央民族大学

自 序

梵语的学习对我来说是一个极其辛苦的过程。辛苦地找老师、辛苦地找教材、辛苦地每天花费六七个小时复习、做翻译……哎！个中辛苦，不说也罢。

但一想到还会有人重复这辛苦，心里便多了很多怜悯和不忍。

先说老师，我算是很幸运的，开蒙便碰到黄宝生老师、郭良鋆老师、葛维钧老师三位国内资深的梵语研究专家。但现在的学生们未必有我这么好的运气了，三位老师年事已高，继续代课恐是无望。

再说教材，这是我最感困惑的。我们当年用的是德国学者施坦茨勒著、季羡林先生译的《梵文基础读本》，简称“施本”。这个本子也是迄今为止流传最广、重印最多的本子，本子自是没什么说的，但就一条：太难！难到很容易就会选择放弃。当年的我，整天抱着它，学得晕头转向。

为什么？我每天花费六七个小时都无法让我脑袋灵光起来？如今再看，总算是明白了，施本的逻辑虽清明，却不是我能理解的，中国人和德国人总会有思维方式的不同吧。

经过几年的学习，毕业后的我就读写而言，无论是天城体，还是悉昙体都没问题，可是一到翻译、理解就完全懵了。究其原因，还是语法掌握得不够。

多谢各方师长的帮助，我辗转到中国佛学院，跟随源流法师继续学习。这次用的本子是法光法师的 *Reading Buddhist Sanskrit Texts——An Elementary Grammatical Guide*，这个本子对于有了基础的人来说真是一个可以冲刺的阶梯，可若是没有基础，估计会比施本带来的困惑更多。首先，它没有天城体，全部以转写体为主；再者，进度太快，不利于学人建立一个由浅入深的次第框架。于是只能像填鸭一样，直到消化不良。

经历这样的两次学习之后，我深感一个入门级的基础本子对于梵语初学者的重要性。于是从那时候开始，我就想如果自己能总结出一套循序渐进地学习方法，并能把这个方法写出来，以帮助更多的学人该多好啊……师从源流法师学习的两年转瞬即逝，感谢法师给了我一个做助教的机会，在给大家重新讲解的过程中，我渐渐摸索到了这个循序渐进的好方法。我大胆地用这种方法将老师的逻辑打碎，重新架构，没想到取得了特别好的效果。我的教案也在这种不断地宣讲中一次一次修改、补充、完善……

我不敢说这本从手写体变成印刷体的《基础梵文教程》有多好，但是对于零基础的初学者来说，它一定是最易于进入梵文学习的一个好开始。

从整体逻辑来说，本教程从字母，连音变化，名词性词的八格，分词，动词，语态、语气、时态六个部分渐次展开，由浅入深、次第分明。

字母部分包含天城体、转写体的字母写法，以及辅音和元音、辅音和辅音之间的拼写规律；连音变化历来都是学习梵语的难点，琐碎而复杂，在这一部分教程主要采用归纳总结的方式，将各种规律变化和特殊变化列为表格，对于初学者来说，可以清晰地翻查；八格是梵语的特色，每个格都有自己独特的语法作用。教程只是讲解了八格最基本的用法，对于一些不常用的、比较特殊的用法并未涉及，因为这一类过于繁复，而且并不常见；分词是梵语的特色，根据所用的多寡而只讲解了三种；梵语的动词比较麻烦，一个词根根据不同的人称、数、语态、语气以及时态可以分别构成几百种形式，要想一一背下来，估计没有童子功是不行的。但是如果我们掌握了动词变化的先后顺序，从十类动词的基本构成开始，并在此基础上做更多的变化，再把这些变化做成一目了然的表格，对于学人来说就有了克服畏难情绪的勇气。

每一部分的语法点并不做更为细致的深入展开，而是紧抓最基础、最重要的内容，有利于初学者更快地掌握主要方向。

通过本教材的学习不仅可以流利地念诵、书写、阅读理解梵语，还能通过各种工具书来翻译以梵语为原典语言的文献。

当然，这样的学习只是最基础的学习。当我们有了扎实的基本功之后，延伸读物是非常重要的，在这里我要推荐的延伸读物就是当年让我懵圈的施本《梵文基础读本》和法光法师著的 *Reading Buddhist Sanskrit Texts——An Elementary Grammatical Guide*。我相信，有了本教材所打下的基础，再读这两个本子，一定能让学习者很快进入梵语的玄妙殿堂，通过愉快地自学熟练掌握梵语的读、写、翻译，直至对勘，进而成为一名合格的学术工作者。

我只是一名普通的学习者，在学习的过程中得到各方师长的厚爱与帮助，没有他们，我不可能在十年内就能成为一名老师，并完成自己的第一本教程。感谢黄宝生老师、郭良鋆老师和葛维钧老师给我的启蒙教育，感谢您们带领我走进这个辛苦而美妙的世界！感谢源流法师将懵懵懂懂的我梳理成有条理、有逻辑的我！感谢法光法师和惟善法师的信任，将 *Reading Buddhist Sanskrit Texts——An Elementary Grammatical Guide* 的中译本校订工作交给我！感谢我的博士导师刘成有教授，博士四年，没有刘老师的支持和鼓励，是很难将梵文原典的对勘作为我的研究方向。更感谢刘老师给了我这个刚毕业的新人一个弥足珍贵的锻炼机会，让我能站在学院的讲台上，完整系统地开设我的梵语课……这一切都是我今生最美好的缘，若我能有一点成绩，必是各位师长的不吝赐教与扶持！

还要特别感谢我的朋友王冠女士。我是个电脑盲，所有天城体都是手写，无法录入电脑。一直以来都是她不厌其烦地为我做字库，为我编程序，哪怕是一个单词的错误都会从天津跑到北京来为我修改。正是有了她的帮助，才有了最终的成书。

感谢编辑孙美子小姐，在她的认真和敬业中，书稿得以顺利出版。

今后的我，只希望成为一名教得最棒的梵语老师！

余嘉惠

2018 年 7 月 22 日

于阿含书斋

第一部分：字母

书写的梵文被称为“天城体”（देवनागरी \ devanāgarī），很多佛教经典皆用此书写，当然梵文也有很多其他书写形式。

天城体是对城体的标准化及优化：前 3 世纪的婆罗门文→笈多体→悉昙体→城体→天城体。天城体作为一种元音附标文字，是一种字母，很多语言，如梵语、尼泊尔语等都用其拼写。

字母分为元音、辅音两大类以及两个附加音，并各有细分：

字母
- 元音——单元音、双元音
- 辅音——喉音、腭音、卷舌音、齿音、唇音
  半元音、咝音、气音（此三种与以上五种有交集）
- 附加音——随韵、止音

一 元音

（一）单元音（9 个）：अ \ a　आ \ ā　इ \ i　ई \ ī　उ \ u　ऊ \ ū
ऋ \ ṛ　ॠ \ ṝ　लृ \ ḷ

（二）双元音（4 个）：ए \ e　ऐ \ ai　ओ \ o　औ \ au

二　辅音①

（一）按照发音部位不同分类

喉　音：क\ka　ख\kha　ग\ga　घ\gha　ङ\ṅa　ह\ha

腭　音：च\ca　छ\cha　ज\ja　झ\jha　ञ\ña　य\ya　श\śa

卷舌音：ट\ṭa　ठ\ṭha　ड\ḍa　ढ\ḍha　ण\ṇa　र\ra　ष\ṣa

齿　音：त\ta　थ\tha　द\da　ध\dha　न\na　ल\la　स\sa

唇　音：प\pa　फ\pha　ब\ba　भ\bha　म\ma　व\va

（二）按照送气与否分类

送气音：ख　छ　ठ　थ　फ　घ　झ　ढ　ध

kha　cha　ṭha　tha　pha　gha　jha　ḍha　dha

भ　श　ष　स　ह

bha　śa　ṣa　sa　ha

不送气音：क　च　ट　त　प　ग　ज　ड　द　ब　ङ

ka　ca　ṭa　ta　pa　ga　ja　ḍa　da　ba　ṅa

ञ　ण　न　म　य　र　ल　व

ña　ṇa　na　ma　ya　ra　la　va

（三）按照发音时肌肉紧张程度分类

软辅音（又称为浊辅音）：

ग　ज　ड　द　ब　घ　झ　ढ　ध　भ

ga　ja　ḍa　da　ba　gha　jha　ḍha　dha　bha

ङ　ञ　ण　न　म　य　र　ल　व　ह

ṅa　ña　ṇa　na　ma　ya　ra　la　va　ha

硬辅音（又称为清辅音）：

क　च　ट　त　प　ख　छ　ठ　थ　फ

ka　ca　ṭa　ta　pa　kha　cha　ṭha　tha　pha

① 见附录表1。

श　ष　स

śa　ṣa　sa

（四）其他特殊分类

半元音：य　र　ल　व

ya　ra　la　va

咝　音：श　ष　स

śa　ṣa　sa

鼻　音：ङ　ञ　ण　न　म

ṅa　ña　ṇa　na　ma

破裂音：क　ख　ग　घ　च　छ　ज　झ　ट　ठ

ka　kha　ga　gha　ca　cha　ja　jha　ṭa　ṭha

ड　ढ　त　थ　द　ध　प　फ　ब　भ

ḍa　ḍha　ta　tha　da　dha　pa　pha　ba　bha

附加音：

随韵：ṃ（天城体是在随韵前面的一个音节上面加一点）

止音：ḥ（天城体是在止音前面的一个音节后加两点"："，类似于标点符号中的冒号）

三　辅音与元音的拼写[①]

क्　क　का　कि　की　कु　कू　कृ　कॄ　कॢ

k　ka　kā　ki　kī　ku　kū　kṛ　kṝ　kḷ

के　कै　को　कौ

ke　kai　ko　kau

除以上规律拼写外，还有一些特殊拼写。

---

① 见附录表2。

四 辅音和辅音的拼写[①]

（一）第一个字符的右侧有一条直线，在与第二个字符连写时，去掉直线

ख्क ग्द च्प व्ड भ्ण य्य ष्ब स्भ

khka gda cpa vḍa bhṇa yya ṣba sbha

表 1 辅音和辅音拼写特殊情况（一）

	च \ ca	ज \ ja	ञ \ ña	ट \ ṭa	ठ \ ṭha	त \ ta	न \ na	म \ ma	ल \ la	व \ va
ख् \ kh							ख्न		ख्ल	
ग् \ g							ग्न			
घ् \ gh							घ्न		घ्ल	
च् \ c	च्च		च्ञ च्ञ				च्न		च्ल	
ज् \ j		ज्ज ज्ज	ज्ञ				ज्न			
झ् \ jh							झ्न			
ञ् \ ñ	ञ्च	ञ्ज ञ्ज					ञ्न			
ण् \ ṇ							ण्न			
त् \ t						त्त	त्न		त्ल	
थ् \ th							थ्न		थ्ल	
ध् \ dh							ध्न		ध्ल	
न् \ n							न्न		न्ल	
प् \ p						प्त	प्न		प्ल	
ब् \ b		ब्ज					ब्न		ब्ल	
भ् \ bh						भ्त	भ्न		भ्ल	
म् \ m						म्त	म्न		म्ल	
य् \ y							य्न		य्ल	
व् \ v							व्न		व्ल	
श् \ ś	श्च						श्न		श्ल	श्व
ष् \ ṣ				ष्ट	ष्ठ		ष्न		ष्ल	
स् \ s							स्न		स्ल	

① 见附录表 3。

（二）第一个辅音右侧无直线，则后面的辅音去掉上横线并写在第一个辅音的下面

क्क　ङ्ग　ट्घ　ड्च　द्ज　ह्ठ

kka　ṅga　ṭgha　ḍca　dja　hṭha

表 2　辅音和辅音拼写特殊情况（二）

	क \ka	ख \kha	ग \ga	घ \gha	ण \ṇa	त \ta	थ \tha	द \da	ध \dha	न \na	प \pa	ब \ba	भ \bha	म \ma	य \ya	ल \la	व \va	ष \ṣa	स \sa	ह \ha
क् \k		क्ख			क्ण	क्त	क्थ			क्न	क्प			क्म	क्य	क्ल क्ल		क्ष	क्स	
ङ् \ṅ														ङ्म	ङ्य					
छ् \ch														छ्म	छ्य					
ट् \ṭ														ट्म	ट्य					
ठ् \ṭh														ठ्म	ठ्य					
ड् \ḍ													ड्भ	ड्म	ड्य					
ढ् \ḍh														ढ्म	ढ्य					
द् \d			द्ग	द्घ				द्द	द्ध	द्न		द्ब	द्भ	द्म	द्य		द्व			
ल् \l	ल्क		ल्ग								ल्प	ल्ब		ल्म	ल्य		ल्व			ल्ह
ह् \h					ह्ण					ह्न				ह्म	ह्य	ह्ल	ह्व			

（三）辅音后的 र् r 用附在下面的一撇表示

表 3　辅音和 r 拼写

क्र \ kra	ख्र \ khra	ग्र \ gra	घ्र \ ghra	ङ्र \ ṅra	ह्र \ hra	
च्र \ cra	छ्र \ chra	ज्र \ jra	झ्र \ jhra	ञ्र \ ñra	य्र \ yra	श्र \ śra
ट्र \ ṭra	ठ्र \ ṭhra	ड्र \ ḍra	ढ्र \ ḍhra	ण्र \ ṇra	र्र \ rra	ष्र \ ṣra
त्र \ tra	थ्र \ thra	द्र \ dra	ध्र \ dhra	न्र \ nra	ल्र \ lra	स्र \ sra
प्र \ pra	फ्र \ phra	ब्र \ bra	भ्र \ bhra	म्र \ mra	व्र \ vra	

注意：有一些特殊情况：

छ्र ठ्र ड्र त्र श्र ह्र

chra ṭhra ḍhra tra śra hra

（四）辅音和元音 ṛ 前的 r，用一钩在其上横线的右上方表示。

表 4 r 和辅音拼写

र्क \ rka	र्ख \ rkha	र्ग \ rga	र्घ \ rgha	र्ङ \ rṅa	र्ह \ rha	
र्च \ rca	र्छ \ rcha	र्ज \ rja	र्झ \ rjha	र्ञ \ rña	र्य र्‍य \ rya	र्श \ rśa
र्ट \ rṭa	र्ठ \ rṭha	र्ड \ rḍa	र्ढ \ rḍha	र्ण \ rṇa	र्र \ rra	र्ष \ rṣa
र्त \ rta	र्थ \ rtha	र्द \ rda	र्ध \ rdha	र्न \ rna	र्ल \ rla	र्स \ rsa
र्प \ rpa	र्फ \ rpha	र्ब \ rba	र्भ \ rbha	र्म र्‍म \ rma	र्व \ rva	

注意：有几个特殊情况：

र्म र्‍म र्य र्‍य र्र

rma rya rra

（五）两个以上的辅音连用被称为串字母，串字母最多只能是五个辅音连用。梵文中大概有一千多个串字母，大多按照由前至后的顺序遵循以上规则，但也有一些特殊情况需要死记硬背，由于所用情况在初学时出现率很小，所以暂不详列。

क्त्य क्त्व क्न्य क्र्य क्व्य क्ष्ण क्ष्म क्ष्म्य

ktya ktva knya krya kvya kṣṇa kṣma kṣmya

ग्र्य ग्न्य ग्ध्व घ्र्य ङ्क्त ङ्क्य ङ्क्ष ङ्क्त्य

grya gnya gdhva ghrya ṅkta ṅkya ṅkṣa ṅktya

ङ्घ्र च्छ्र ज्ञ्य ञ्च्य ञ्च्म ञ्ज्य श्च्य श्व्य त्स्य

ṅghra cchra jñya ñcya ñcma ñjya ścya śvya tsya

त्त्य त्र्य द्द्र ष्ठ्य प्त्य

ttya trya ddra ṣṭhya ptya

特殊情况：द्व्य　द्द्य　द्ध्य　द्भ्य　द्र्य　स्त्र　त्त्र　ङ्क्ष्व

dvya ddya ddhya dbhya drya stra ttra ṅkṣva

注意：特殊拼写优先

（四）注意

1. 在梵文中以一个句子为一个单位，只有当一个词以元音、ं \ ṃ、ः \ ḥ 结尾，而后面的词以辅音开头时，才将两个词分开书写，其他情况都可以连写

रूपवेदनासंज्ञासंस्कारविज्ञानम्

rūpa-vedanā-saṃjñā-saṃskāra-vijñānam

体中名三单（色受想行识）

2. 拉丁转写体的转写规则目前有两种

① 严格按照天城体的分隔方式转写：

例：एवमेव वेदनासंज्ञासंस्कारविज्ञानानि ।

evameva vedanāsaṃjñāsaṃskāravijñānāni ।

② 将连音变化拆分后的方式转写：

例：एवमेव वेदनासंज्ञासंस्कारविज्ञानि |

evam eva vedanā saṃjñā saṃskāra vijñānāni ।

3. 有时转写体中会在每个单词之间插入“-”，但是并没有统一的标准。

例：एवम् एव वेदना संज्ञा संस्कार विज्ञानानि ।

evam eva vedanā-saṃjñā-saṃskāra-vijñānāni ।

（五）标点符号

।：表示较短句子的停顿，半颂的结束。

।।：表示较长段落的结束，一颂的结束。

ऽ（天城），'（转写）：表示初音 a 的省略：

例：ऽहम्

'ham

（体代一单：我）

第二部分：连音变化

连音规则：当两个单词结合在一起时，前一个单词的最后一个字母和后一个单词的第一个字母为了发音动听而进行变化。但也存在少数情况，后一个单词的第一个字母进行变化。

内部连音：发生在一个词的内部部分的连音变化，多用于词组，即六离合释。

外部连音：发生在两个单独的单词之间的连音变化。

一　元音和元音的连音变化

（一）内部连音变化

1.短音अ \ a、长音आ \ ā与其他元音之间的连音变化

（1）短音 अ \ a、长音 आ \ ā 与短音 अ \ a、长音 आ \ ā 连音变化为长音 आ \ ā

例：अन्त अनन्त——अन्तानन्त

anta ananta——antānanta

（2）与短音 इ \ i、长音 ई \ ī 连音变化为 ए \ e

例：बुद्ध इह——बुद्धेह

buddha iha——buddheha

（3）与短音 उ \ u、长音 ऊ \ ū 连音变化为 ओ \ o

例：भिन्न उत्पाद——भिन्नोत्पाद

bhinna utpāda——bhinnotpāda

（4）与 ऋ \ ṛ 连音变化为 अर् \ ar

例：एव ऋतु——एवर्तु

eva ṛtu——evartu

（5）与 ए \ e、ऐ \ ai 连音变化为 ऐ \ ai

例：एक एव——एकैव

eka eva——ekaiva

（6）与 ओ \ o、औ \ au 连音变化为 औ \ au。

例：गङ्गा ओघ——गङ्गौघ

gaṅgā ogha——gaṅgaugha

2. 短音 इ \ i、长音 ई \ ī 与其他元音之间的连音变化

（1）短音 इ \ i、长音 ई \ ī 与短音 अ \ a 连音变化为 य \ ya

例：बोधि अर्थाः——बोध्यर्थाः

bodhi arthāḥ——bodhyarthāḥ

（2）与长音 आ \ ā 连音变化为 या \ yā

例：अप्रति आप्त——अप्रत्याप्त

aprati āpta——apratyāpta

（3）与短音 इ \ i、长音 ई \ ī 连音变化为 ई \ ī

例：इष्टि ईर्ष्या——इष्टीर्ष्या

iṣṭi īrṣyā——iṣṭīrṣyā

（4）与短音 उ \ u 连音变化为 यु \ yu

例：मुनि उक्त——मुन्युक्त

muni ukta——munyukta

（5）与长音 ऊ \ ū 连音变化为 यू \ yū

例：भूमि ऊन——भूम्यून

bhūmi ūna——bhūmyūna

（6）与 ऋ \ ṛ 连音变化为 यृ \ yṛ

例：रोदति ऋषिः——रोदत्यृषिः

rodati ṛṣiḥ——rodatyṛṣiḥ

（7）与 ए \ e 连音变化为 ये \ ye

例：बोधि एव——बोध्येव

bodhi eva——bodhyeva

（8）与 ऐ \ ai 连音变化为 यै \ yai

例：अजाजी ऐकाग्र्य——अजाज्यैकाग्र्य

ajājī aikāgrya——ajājyaikāgrya

（9）与 ओ \ o 连音变化为 यो \ yo

例：अरति ओसारयितव्य——अरत्योसारयितव्य

arati osārayitavya——aratyosārayitavya

（10）与 औ \ au 连音变化为 यौ \ yau

例：भवति औदारिकलक्षणम्——भवत्यौदारिकलक्षणम्

bhavati audārikalakṣaṇam——bhavatyaudārikalakṣaṇam

3. 短音 उ \ u、长音 ऊ \ ū 与其他元音之间的连音变化

（1）短音 उ \ u、长音 ऊ \ ū 与短音 अ \ a 连音变化为 व \ va

例：बहु अधर्मः——बह्वधर्मः

bahu adharmaḥ——bahvadharmaḥ

（2）与长音 आ \ ā 连音变化为 वा \ vā

例：बहु आयुष्कत्व——बह्वायुष्कत्व

bahu āyuṣkatva——bahvāyuṣkatva

（3）与短音 इ \ i连音变化为वि \ vi

例：धातु इह——धात्विह

dhātu iha——dhātviha

（4）与长音 ई \ ī连音变化为 वी \ vī

例：धातु ईप्सित——धात्वीप्सित

dhātu īpsita——dhātvīpsita

（5）与短音 उ \ u、长音 ऊ \ ū 连音变化为 ऊ \ ū

例：पशू उक्त——पशूक्त

paśū ukta——paśūkta

（6）与 ऋ \ ṛ 连音变化为 वृ \ vṛ

例：पशू ऋषिः——पश्वृषिः

paśū ṛṣiḥ——paśvṛṣiḥ

（7）与 ए \ e 连音变化为 वे \ ve

例：मधु एवम्——मध्वेवम्

madhu evam——madhvevam

（8）与 ऐ \ ai 连音变化为 वै \ vai

例：मधु ऐहिक——मध्वैहिक

madhu aihika——madhvaihika

（9）与 ओ \ o 连音变化为 वो \ vo

例：नामसु ओषधि——नामस्वोषधि

nāmasu oṣadhi——nāmasvoṣadhi

（10）与 औ \ au 连音变化为 वौ \ vau

例：कथासु औपनिबन्धक——कथास्वौपनिबन्धक

kathāsu aupanibandhaka——kathāsvaupanibandhaka

4. 短音 ऋ \ ṛ 与其他元音之间的连音变化

（1）ऋ \ ṛ 与短音 अ \ a 连音变化为 र \ ra

例：धातृ अबुद्ध——धात्रबुद्ध

dhātṛ abuddha——dhātrabuddha

（2）与长音 आ \ ā 连音变化为 रा \ rā

例：धातृ आवट——धात्रावट

dhātṛ āvaṭa——dhātrāvaṭa

（3）与短音 इ \ i连音变化为 रि \ ri

例：नेतृ इष्यते——नेत्रिष्यते

netṛ iṣyate——netriṣyate

（4）与长音 ई \ ī 连音变化为 री \ rī

例：नेतृ ईश्वरत्व——नेत्रीश्वरत्व

netṛ īśvaratva——netrīśvaratva

（5）与短音 उ \ u连音变化为 रु \ ru

例：पितृ उपेक्षा——पित्रुपेक्षा

pitṛ upekṣā——pitrupekṣā

（6）与长音 ऊ \ ū连音变化为रू \ rū

例：पितृ ऊर्ध्व——पित्रूर्ध्व

pitṛ ūrdhva——pitrūrdhva

（7）与 ऋ \ ṛ 连音变化为 ॠ \ ṝ

例：नेतृ ऋतुमत्——नेतॄतुमत्

netṛ ṛtumat——netṝtumat

（8）与 ए \ e 连音变化为 रे \ re

例：पितृ एकस्मिन्——पित्रेकस्मिन्

pitṛ ekasmin——pitrekasmin

（9）与 ऐ \ ai 连音变化为 रै \ rai

例：धातृ ऐकाध्विक——धात्रैकाध्विक

dhātṛ aikādhvika——dhātraikādhvika

（10）与 ओ \ o 连音变化为 रो \ ro

例：धातृ ओवादक——धात्रोवादक

dhātṛ ovādaka——dhātrovādaka

（11）与 औ \ au 连音变化为 रौ \ rau

例：पितृ औपपादुक——पित्रौपपादुक

pitṛ aupapāduka——pitraupapāduka

5. 双元音 औ \ au 与其他元音之间的连音变化

（1）औ \ au 与短音 अ \ a 连音变化为 आव \ āva

例：बुद्धौ अतुल्य——बुद्धावतुल्य

buddhau atulya——buddhāvatulya

（2）与长音 आ \ ā 连音变化为 आवा \ āvā

例：आत्मानौ आवह——आत्मानावावह

ātmānau āvaha——ātmānāvāvaha

（3）与短音 इ \ i连音变化为 आवि \ āvi

例：धीमन्तौ इह——धीमन्ताविह

dhīmantau iha——dhīmantāviha

（4）与长音 ई \ ī 连音变化为 आवी \ āvī

例：चकृवांसौ ईश्वर——चकृवांसावीश्वर

cakṛvāṃsau īśvara——cakṛvāṃsāvīśvara

（5）与短音 उ \ u 连音变化为 आवु \ āvu

例：श्रेयांसौ उपेक्षक——श्रेयांसावुपेक्षक

śreyāṃsau upekṣaka——śreyāṃsāvupekṣaka

（6）与长音 ऊ \ ū 连音变化为 आवू \ āvū

例：श्रेयांसौ ऊर्ध्व——श्रेयांसावूर्ध्व

śreyāṃsau ūrdhva——śreyāṃsāvūrdhva

（7）与 ऋ \ ṛ 连音变化为 आवृ \ āvṛ

例：रायौ ऋतुमत्——रायावृतुमत्

rāyau ṛtumat——rāyāvṛtumat

（8）与 ए \ e 连音变化为 आवे \ āve

例：पादौ एव——पादावेव

pādau eva——pādāveva

（9）与 ऐ \ ai 连音变化为 आवै \ āvai

例：द्विपादौ ऐहिक——द्विपादावैहिक

dvipādau aihika——dvipādāvaihika

（10）与 ओ \ o 连音变化为 आवो \ āvo

例：रायौ ओतारेन्ति——रायावोतारेन्ति

rāyau otārenti——rāyāvotārenti

（11）与 औ \ au 连音变化为 आवौ \ āvau

例：भुवौ औपक्रमिक——भुवावौपक्रमिक

bhuvau aupakramika——bhuvāvaupakramika

（二）外部连音变化

1. 前一个单词以 ऐ \ ai 结尾时的连音变化

（1）前一个单词以 ऐ \ ai 结尾，后一个单词与以短音 अ \ a 开头时，连音变化为以长音 आ \ ā 结尾、以短音 अ \ a 开头

例：**नद्यै अबुद्ध——नद्या अबुद्ध**

nadyai abuddha——nadyā abuddha

（2）后一个单词以长音 आ \ ā 开头时，连音变化为以长音 आ \ ā 结尾、以长音 आ \ ā 开头

例：नद्यै आयुः——नद्या आयुः

nadyai āyuḥ——nadyā āyuḥ

（3）后一个单词以短音 इ \ i 开头时，连音变化为以长音 आ \ ā 结尾、以短音 इ \ i 开头

例：कथायै इति——कथाया इति

kathāyai iti——kathāyā iti

（4）后一个单词以长音 ई \ ī 开头时，连音变化为以长音 आ \ ā 结尾、以长音 ई \ ī 开头

例：नद्यै ईक्षित——नद्या ईक्षित

nadyai īkṣita——nadyā īkṣita

（5）后一个单词以短音 उ \ u 开头时，连音变化为以长音 आ \ ā 结尾、以短音 उ \ u 开头

例：नद्यै उक्तः——नद्या उक्तः

nadyai uktaḥ——nadyā uktaḥ

（6）后一个单词以长音ऊ\ū开头时，连音变化为以长音आ\ā结尾、以长音ऊ\ū开头

例：मत्यै ऊर्ध्वम्——मत्या ऊर्ध्वम्

matyai ūrdhvam——matyā ūrdhvam

（7）后一个单词以ऋ\ṛ开头时，连音变化为以长音आ\ā结尾、以ऋ\ṛ开头

例：स्त्रियै ऋद्धिमत्——स्त्रिया ऋद्धिमत्

striyai ṛddhimat——striyā ṛddhimat

（8）后一个单词以ए\e开头时，连音变化为以长音आ\ā结尾、以ए\e开头

例：लक्ष्म्यै एवम्——लक्ष्म्या एवम्

lakṣmyai evam——lakṣmyā evam

（9）后一个单词以ऐ\ai开头时，连音变化为以长音आ\ā结尾、以ऐ\ai开头

例：धेन्वै ऐकध्य——धेन्वा ऐकध्य

dhenvai aikadhya——dhenvā aikadhya

（10）后一个单词以ओ\o开头时，连音变化为以长音आ\ā结尾、以ओ\o开头

例：धियै ओदन——धिया ओदन

dhiyai odana——dhiyā odana

（11）后一个单词以औ\au开头时，连音变化为以长音आ\ā结尾、以औ\au开头

例：वध्वै औपयिक——वध्वा औपयिक

vadhvai aupayika——vadhvā aupayika

2. 前一个单词以 ए \ e 结尾时的连音变化

（1）前一个单词以 ए \ e 结尾，后一个单词与以短音 अ \ a 开头时，连音变化为以 ए \ e 结尾、以初音开头

例：देवे अन्तरीय——देवे ऽन्तरीय

deve antarīya——deve 'ntarīya

（2）后一个单词以长音 आ \ ā 开头时，连音变化为以短音 अ \ a 结尾、以长音 आ \ ā 开头

例：देवे आरूपिन्——देव आरूपिन्

deve ārūpin——deva ārūpin

（3）后一个单词以短音 इ \ i 开头时，连音变化为以短音 अ \ a 结尾、以短音 इ \ i 开头

例：मुने इह——मुन इह

mune iha——muna iha

（4）后一个单词以长音 ई \ ī 开头时，连音变化为以短音 अ \ a 结尾、以长音 ई \ ī 开头

例：मुने ईप्सित——मुन ईप्सित

mune īpsita——muna īpsita

（5）后一个单词以短音 उ \ u 开头时，连音变化为以短音 अ \ a 结尾、以短音 उ \ u 开头

例：पित्रे उपरिम्——पित्र उपरिम्

pitre uparim——pitra uparim

（6）后一个单词以长音 ऊ \ ū 开头时，连音变化为以短音 अ \ a 结尾、以长音 ऊ \ ū 开头

例：पित्रे ऊनत्व——पित्र ऊनत्व

pitre ūnatva——pitra ūnatva

（7）后一个单词以 ऋ \ ṛ 开头时，连音变化为以短音 अ \ a 结尾、以 ऋ \ ṛ 开头

例：वणिजे ऋषभ——वणिज ऋषभ

vaṇije ṛṣabha——vaṇija ṛṣabha

（8）后一个单词以 ए \ e 开头时，连音变化为以短音 अ \ a 结尾、以 ए \ e 开头

例：मरुते एकस्मिन्——मरुत एकस्मिन्

marute ekasmin——maruta ekasmin

（9）后一个单词以 ऐ \ ai 开头时，连音变化为以短音 अ \ a 结尾、以 ऐ \ ai 开头

例：वेधसे ऐक्य——वेधस ऐक्य

vedhase aikya——vedhasa aikya

（10）后一个单词以 ओ \ o 开头时，连音变化为以短音 अ \ a 结尾、以 ओ \ o 开头

例：आत्मने ओषधि——आत्मन ओषधि

ātmane oṣadhi——ātmana oṣadhi

（11）后一个单词以 औ \ au 开头时，连音变化为以短音 अ \ a 结尾、以 औ \ au 开头

例：धीमते औदारिकता——धीमत औदारिकता

dhīmate audārikatā——dhīmata audārikatā

3. 前一个单词以 ओ \ o 结尾，只在后一个单词以短音 अ \ a 开头时发生连音变化，变为以 ओ \ o 结尾，以初音开头

例：धेनो अत्युत्तम——धेनो ऽत्युत्तम

dheno atyuttama——dheno 'tyuttama

二　随韵ṃ和止音ḥ的连音变化

（一）以随韵结尾

1. 前一个单词以 म् \ m 结尾，后一个单词以任何辅音开头时，म् \ m 都变为随韵 ṃ

例：एवम् बुद्ध——एवं बुद्ध

evam buddha——evaṃ buddha

2. 前一个单词以 म् \ m 结尾，后一个单词以任何元音开头时，不做随韵变化

例：एवम् अबुद्ध——एवम् अबुद्ध

evam abuddha——evam abuddha

3. 若单词位于句末，则不做随韵变化，仍用 म् \ m。

例：शून्यता रूपम् ।

śūnyatā rūpam ।

（二）以止音结尾[①]

1.अ \a+ 止音结尾变化：

（1）后一个单词以 क् \ k、ख् \ kh、प् \ p、फ् \ ph、स् \ s、ष् \ ṣ、श् \ ś、ङ् \ ṅ、ञ् \ ñ、ण् \ ṇ开头时，结尾不变

例：बुद्धः कल्याण——बुद्धः कल्याण

buddhaḥ kalyāṇa——buddhaḥ kalyāṇa

（2）后一个单词以 च \ c、छ \ ch 开头时，: \ ḥ 变为 श \ ś

例：बुद्धः चोदयति——बुद्धश् चोदयति

buddhaḥ codayati——buddhaś codayati

（3）后一个单词以 ट \ ṭ、ठ \ ṭh 开头时，: \ ḥ 变为 ष् \ ṣ

例：बुद्धः टक्कि——बुद्धष् टक्कि

buddhaḥ ṭakki——buddhaṣ ṭakki

（4）后一个单词以 त् \ t、थ् \ th 开头时，: \ ḥ 变为 स् \ s

例：बुद्धः तथागत——बुद्धस् तथागत

buddhaḥ tathāgata——buddhas tathāgata

（5）后一个单词以元音开头时，去掉 : \ ḥ

① 见附录表 5。

例：बुद्धः अस्य——बुद्ध अस्य

buddhaḥ asya——buddha asya

（6）后一个单词除以上所列举的辅音之外其他辅音开头时，अः \ aḥ变为ओ \ o

例：बुद्धः निराकरण——बुद्धो निराकरण

buddhaḥ nirākaraṇa——buddho nirākaraṇa

2. 以 आ \ā+止音结尾，后一个单词以元音，及除以上1-（1）（2）（3）（4）之外其他辅音开头时，去掉：\ ḥ

例：बुद्धाः इह——बुद्धा इह

buddhāḥ iha——buddhā iha

बुद्धाः महासत्त्वाः——बुद्धा महासत्त्वाः

buddhāḥ mahāsattvāḥ——buddhā mahāsattvāḥ

3. 以 Vḥ（V：除 अ \ a 之外所有元音）结尾时的连音变化

（1）当以Vḥ（V：除अ \ a之外所有元音）结尾，后一个单词以र् \ r开头时，去掉: \ ḥ

例：धातुः रूपम्——धातु रूपम्

dhātuḥ rūpam——dhātu rūpam

（2）后一个单词以元音、除以上1-（1）（2）（3）（4）及 र् \r 之外其他辅音开头时，: \ ḥ变为र् \ r

例：धातुः अधर्मः——धातुर् अधर्मः

dhātuḥ adharmaḥ——dhātur adharmaḥ

धातुः धर्मः——धातुर् धर्मः

dhātuḥ dharmaḥ——dhātur dharmaḥ

4. 当止音 : \ ḥ 位于句尾时，不做变化

例：बुद्धः अबुद्धः ।——बुद्ध अबुद्धः ।

buddhaḥ abuddhaḥ ।——buddha abuddhaḥ ।

三　辅音和元音、辅音和辅音的连音变化

（一）辅音和元音之间的连音变化[①]

1.前一个单词以क् \ k结尾，后一个单词以元音开头，则क् \ k连音变化为ग् \ g，后一单词不变

例：वणिक् अमनाप——वणिग् अमनाप

vaṇik amanāpa——vaṇig amanāpa

2.前一个单词以ट् \ ṭ结尾，后一个单词以元音开头，则ट् \ ṭ连音变化为ड् \ ḍ，后一单词不变

例：षट् अबाधिक——षड् आबाधिक

ṣaṭ ābādhika——ṣaḍ ābādhika

3.前一个单词以त् \ t结尾，后一个单词以元音开头，则त् \ t连音变化为द् \ d，后一单词不变

例：मरुत् अबन्ध्य——मरुद् अबन्ध्य

marut abandhya——marud abandhya

4.前一个单词以प् \ p结尾，后一个单词以元音开头，则प् \ p连音变化为ब् \ b，后一单词不变

例：अप् अपचय——अब् अपचय

ap apacaya——ab apacaya

5. 前一个单词以 अस् \ as 结尾时的连音变化

（1）前一个单词以अस् \ as结尾，后一个单词以元音अ \ a开头，则अस् \ as连音变化为ओ \ o，后一个单词以初音开头

例：मनस् अपद——मनो ऽपद

manas apada——mano 'pada

（2）若后一个单词以除अ \ a之外其他元音开头，则前一个单词去掉स् \ s，后一个单词不变

① 见附录表6。

例：मनस् एवम्——मन एवम्

manas evam——mana evam

6.鼻音ङ्\ṅ、ञ्\ñ、ण्\ṇ、न्\n+任何元音则鼻音重复

例：बुद्धान् अत्र——बुद्धान्न् अत्र

buddhān atra——buddhānn atra

भगवान् अत्र——भगवान्न् अत्र

bhagavān atra——bhagavānn atra

7. 元音加辅音之间的连音变化

任何元音结尾，后一个单词以छ् \ ch开头。连音变化为任何元音结尾，后一个单词以च्छ्\cch开头。

例：एव छत्त्रम्——एव च्छत्त्रम्

eva chattram——eva cchattram

चेतना छन्दः——चेतना च्छन्दः

cetanā chandaḥ——cetanā cchandaḥ

（二）外部连音时，辅音和辅音之间的连音变化 ①

1.前一个单词以क्\k结尾时的连音变化

（1）前一个单词以क्\k结尾，后一个单词以ग्\g、घ्\gh、ज्\j、झ्\jh、ड्\ḍ、ढ्\ḍh、द्\d、ध्\dh、ब्\b、भ्\bh、य्\y、र्\r、ल्\l、व्\v、ह्\h开头时，क्\k连音变化为ग्\g

例：वक् ग्रह——वग् ग्रह

vak graha——vag graha

（2）后一个单词以न्\n、म्\m开头时，क्\k连音变化为ङ्\ṅ

例：वक् नमः——वङ् नमः

vak namaḥ——vaṅ namaḥ

---

① 见附录表7。

2.前一个单词以ट्\ṭ结尾时的连音变化

（1）前一个单词以ट्\ṭ结尾，后一个单词以ग्\g、घ्\gh、ज्\j、झ्\jh、ड्\ḍ、ढ्\ḍh、द्\d、ध्\dh、ब्\b、भ्\bh、य्\y、र्\r、ल्\l、व्\v、ह्\h开头时，ट्\ṭ连音变化为ड्\ḍ

例：षट् गंभीर——षड् गंभीर

ṣaṭ gaṃbhīra——ṣaḍ gaṃbhīra

（2）后一个单词以न्\n、म्\m开头时，ट्\ṭ连音变化为ण्\ṇ

例：षट् महासत्त्वाः——षण् महासत्त्वाः

ṣaṭ mahāsattvāḥ——ṣaṇ mahāsattvāḥ

3. 前一个单词以 त्\t 结尾时的连音变化

（1）前一个单词以त्\t结尾，后一个单词以ग्\g、घ्\gh、द्\d、ध्\dh、ब्\b、भ्\bh、य्\y、र्\r、ल्\l、व्\v、ह्\h开头时，त्\t 连音变化为द्\d

例：जगत् धर्मः——जगद् धर्मः

jagat dharmaḥ——jagad dharmaḥ

（2）后一个单词以च्\c、छ्\ch、ष्\ṣ开头时，त्\t连音变化为च्\c

例：जगत् छन्दतस्——जगच् छन्दतस्

jagat chandatas——jagac chandatas

（3）后一个单词以ज्\j、झ्\jh开头时，त्\t连音变化为ज्\j

例：जगत् जगत्——जगज् जगत्

jagat jagat——jagaj jagat

（4）后一个单词以ट्\ṭ、ठ्\ṭh开头时，त्\t连音变化为ट्\ṭ

例：जगत् टक्कि——जगट् टक्कि

jagat ṭakki——jagaṭ ṭakki

（5）后一个单词以ड्\ḍ、ढ्\ḍh开头时，त्\t连音变化为ड्\ḍ

例：जगत् ढकार——जगड् ढकार

jagat ḍha-kāra——jagaḍ ḍha-kāra

（6）后一个单词以न्\n、म्\m开头时，त्\t连音变化为न्\n

例：जगत् नमः——जगन् नमः

jagat namaḥ——jagan namaḥ

（7）后一个单词以ल्\l开头时，त्\t连音变化为ल्\l

例：जगत् लोकः——जगल् लोकः

jagat lokaḥ——jagal lokaḥ

4. 前一个单词以 प् \ p 结尾时的连音变化

（1）前一个单词以प्\p结尾，后一个单词以ग्\g、घ्\gh、ज्\j、झ्\jh、ड्\ḍ、ढ्\ḍh、द्\d、ध्\dh、ब्\b、भ्\bh、य्\y、र्\r、ल्\l、व्\v、ह्\h开头时，प्\p连音变化为ब्\b

例：अप् रुपम्——अब् रुपम्

ap rūpam——ab rūpam

（2）后一个单词以न्\n、म्\m开头时，प्\p连音变化为म्\m

例：अप् मध्य——अम् मध्य

ap madhya——am madhya

5. 前一个单词以 न् \ n 结尾时的连音变化

（1）前一个单词以न्\n结尾，后一个单词以च्\c、छ्\ch开头时，न्\n连音变化为ṃś

例：नयन् चित्तम्——नयंश् चित्तम्

nayan cittam——nayaṃś cittam

（2）后一个单词以ज्\j、झ्\jh开头时，न्\n连音变化为ञ्\ñ

例：नयन् जीवत्——नयञ् जीवत्

nayan jīvat——nayañ jīvat

（3）后一个单词以ट् \ ṭ、ठ् \ ṭh开头时，न् \ n连音变化为ṃṣ

例：नयन् टिटिलम्भ——नयंष् टिटिलम्भ

nayan ṭiṭilambha——nayaṃṣ ṭiṭilambha

（4）后一个单词以ड् \ ḍ、ढ् \ ḍh开头时，न् \ n连音变化为ण् \ ṇ

例：नयन् डाकिनी——नयण् डाकिनी

nayan ḍākinī——nayaṇ ḍākinī

（5）后一个单词以त् \ t、थ् \ th开头时，न् \ n连音变化为 ṃs

例：नयन् तत्——नयंस् तत्

nayan tat——nayaṃs tat

（6）后一个单词以ल् \ l开头时，न् \ n连音变化为ṃl或者ṃ

例：नयन् लोके——नयंल् लोके \ नयं लोके

nayan loke——nayaṃl loke \ nayaṃ loke

（7）后一个单词以श् \ ś开头时，न् \ n连音变化为ञ् \ ñ

例：नयन् शब्द ——नयञ् शब्द

nayan śabda——nayañ śabda

6. 前一个单词以 स् \ s 结尾时的连音变化

（1）前一个单词以स् \ s结尾，后一个单词以क् \ k、ख् \ kh、प्\p、फ्\ph开头，或者此单词位于句尾时，स्\s连音变化为止音：\ḥ

例：मनस् खर——मनः खर

manas khara——manaḥ khara

（2）后一个单词以च् \ c、छ \ ch开头，स् \ s连音变化为श् \ ś

例：मनस् चरति——मनश् चरति

manas carati——manaś carati

（3）后一个单词以ट् \ ṭ、ठ् \ ṭh开头时，स् \ s连音变化为ष् \ ṣ

例：मनस् टिटिलम्भ——मनष् टिटिलम्भ

manas ṭiṭilambha——manaṣ ṭiṭilambha

7. 前一个单词以 र् \ r 结尾时的连音变化

（1）前一个单词以र् \ r结尾，后一个单词以क् \ k、ख् \ kh、प् \ p、फ् \ ph开头，或者此单词位于句尾时，र् \ r连音变化为止音：\ ḥ

例：चर् खट्वा——चः खट्वा

car khaṭvā——caḥ khaṭvā

（2）后一个单词以च् \ c、छ् \ ch开头，र् \ r连音变化为श् \ ś

例：चर् चरति——चश् चरति

car carati——caś carati

（3）后一个单词以ट् \ ṭ、ठ् \ ṭh开头时，र् \ r连音变化为ष् \ ṣ

例：चर् टिटिलम्भ——चष् टिटिलम्भ

car ṭiṭilambha——caṣ ṭiṭilambha

（4）后一个单词以त् \ t、थ् \ th开头时，र् \ r连音变化为स् \ s

例：चर् तस्मत्——चस् तस्मात्

car tasmāt——cas tasmāt

（5）后一个单词以र् \ r开头时，前一个单词结尾र् \ r前的短元音变为长元音，再去掉结尾的र् \ r

例：चर् रुपम्——चा रूपम्

car rūpam——cā rūpam

8.前一个单词以अस् \ as、आस् \ ās结尾时的连音变化

（1）前一个单词以अस् \ as、आस् \ ās结尾，后一个单词以क् \ k、ख् \ kh、प् \ p、फ् \ ph开头，或者此单词位于句尾时，अस् \ as连音变化为अः \ aḥ，आस् \ ās连音变化为आः \ āḥ

例：मनस् कतमत्——मनः कतमत्

manas katamat——manaḥ katamat

（2）后一个单词以च् \ c、छ् \ ch开头，अस् \ as连音变化为अश् \ aś，आस् \ ās连音变化为आश् \ āś

例：मनस् चरति——मनश् चरति

manas carati——manaś carati

（3）后一个单词以ट् \ ṭ、ठ् \ ṭh开头时，अस् \ as连音变化为अष् \ aṣ，आस् \ ās连音变化为आष् \ āṣ

例：मनस् टिटिलम्भ——मनष् टिटिलम्भ

manas ṭiṭilambha——manaṣ ṭiṭilambha

（4）以 अस् \ as结尾，后一个单词以任何浊辅音开头时，अस् \ as连音变化为ओ \ o

例：**मनस् धतुः —— मनो धतुः**

manas dhatuḥ —— mano dhatuḥ

（5）以आस्\ās结尾，后一个单词以任何浊辅音开头时，आस्\ās连音变化为आ \ā

例：**मनास् धतुः —— मना धतुः**

manās dhatuḥ —— manā dhatuḥ

四　特殊的连音变化

（一）特殊的连音变化

1. 辅音和辅音之间的特殊内部连音变化[①]

（1）च् \ c与त् \ t、थ् \ th连音变化为-क्त- \ -kt-

例：प्रियवाच्तिर्यङ्——प्रियवाक्तिर्यङ्

priyavāctiryaṅ——priyavāktiryaṅ

（2）ज् \ j与त् \ t连音变化为-क्त- \ -kt-或者-ष्ट- \ -ṣṭ-

例：वनिज्तेनुषे——वनिक्तेनुषे\वनिष्टेनुषे

vanijtenuṣe——vaniktenuṣe\vaniṣṭenuṣe

与स् \ s连音变化为-क्ष- \ -kṣ-

例：वनिज्सन्ति——वनिक्षन्ति

① 见附录表8。

vanijsanti——vanikṣanti

（3）झ्\jh与त्\t、थ्\th连音变化为-द्ध्-\-ddh-

（4）ढ्\ḍh与त्\t、थ्\th连音变化为-ड्ढ्-\-ddh-

（5）द्\d与त्\t、थ्\th连音变化为-त्त्-\-tt-

（6）घ्\dh与त्\t、थ्\th连音变化为-द्ध्-\-ddh-

（7）भ्\bh与त्\t、थ्\th连音变化为-द्ध्-\-ddh-

（8）श्\ś与त्\t连音变化为-ष्ट्-\-ṣṭ-；与स्\s连音变化为-क्ष्-\-kṣ-

（9）ष्\ṣ与स्\s连音变化为-क्ष्-\-kṣ-

（10）：\ḥ与त्\t、थ्\th、ध्\dh连音变化为-ढ्-\-ḍh-

例：बुद्धःतनुः——बुद्धढनुः

buddhaḥtanuḥ——buddhaḍhanuḥ

与स्\s连音变化为-क्ष्-\-kṣ-

例：बुद्धाःसन्ति——बुद्धाक्षन्ति

buddhāḥsanti——buddhākṣanti

2. 遇到以下三种情况

（1）न्\n前面有ऋ\ṛ、ॠ\ṝ、र्\r、स्\s时

（2）有न्\n的单词中没有腭音、卷舌音、齿音、श्\ś、स्\s时

（3）न्\n+元音、न्\n、म्\m、य्\y、व्\v时

——न्\n变为卷舌音ण्\ṇ

例：धर्मान्——धर्माण्

dharmān——dharmāṇ

मुनीनभिधर्मः——मुणीणभिधर्मः

munīn-abhidharmaḥ——muṇīṇabhidharmaḥ

（二）外部连音出现的多种可能性①

① 见附录表9。

第三部分：名词性词的八格

一　格

（一）屈折语法中用以表示各种名词性词之间的语法关系的形态变化

名词由于其在句中所起的作用不同、名词之间的语法关系不同，以及与动词之间的关系不同而有各种不同的形态变化，这种变化就是格。而格的形态标记，即格尾变化，又称词尾变化。[①]

（二）梵语的语法特征

在梵语中，最重要的一条语法特征是“词法大于句法”。

所谓“词法大于句法”，指的是在一个句子中，其完整意思不是通过严格的语序，而是通过每个词的词尾变化来判断。因此，我们常常看到同样意思的句子，却有着散乱的语序关系。

---

① 屈折语：以词形变化表示语法关系。（1）词形变化丰富；（2）一种词形变化可表示多种不同的语法意义；（3）脱离词尾，词根不能独立存在。

黏着语：也以词形变化表示语法关系。（1）只有词尾变化；（2）一种词形变化只表示一种语法意义；（3）词根与词干词尾等变化因素结合不紧密，可独立存在。

孤立语：极少词形变化，靠词性表示语法关系。（1）词序严格；（2）虚词十分重要，词与词的关系由虚词体现；（3）复合词多，派生词少，无前缀后缀等。

例：1.सुभूते बोधिसत्त्वेन धर्म उद्ग्रहीतव्यो अधर्मः ।
Subhūte bodhisattvena dharma udgrahītavyo adharmaḥ।
呼格 具格 体格 √grah-9，FPP[①] 体格
须菩提 菩萨 法 执取 非法
——须菩提！法、非法都不应被菩萨所执取。

2.सुभूते धर्म अधर्मो बोधिसत्त्वेन उद्ग्रहीतव्यः ।
Subhūte dharma adharmo bodhisattvena udgrahītavyaḥ।
呼格 体格 体格 具格 √grah-9，FPP
须菩提 法 非法 菩萨 执取
——须菩提！法、非法都不应被菩萨所执取。

以上两句中，词序是有变化的，但是由于每个词所承担的格的形式不变，所以二者所表达的意义是一样的。

二 名词性词

（一）名词性词：包括名词、形容词、代词、数词

名词、形容词和代词在语法上的运用都一致，唯有数词有所不同，见后文数词一节。

1. 名词：表示人、事、物或抽象概念的实词

在汉文语法中做主语、宾语、定语、状语；

在英文语法中做主语、宾语、表语、定语、状语、宾语补足语；

在梵文语法中以八格的形式承担在句子中的语法关系。

① FPP：将来被动分词。

2. 形容词：用来修饰名词或代词的词，表示所修饰词的性质、状态、特征、属性等

在汉文语法中做主语、宾语、定语、补语；

在英文语法中做定语、表语、状语、补语；

在梵文语法中的作用等同于名词。

3. 代词：用来代替名词或句子的词

在汉文语法中做主语、宾语、定语、状语、补语；

在英文语法中做主语、宾语、表语、定语、状语、补语；

在梵文语法中的作用等同于名词。

4. 数词：表示数目的多少和排序的词，分为表多少的基数词和表排序的序数词。在汉文语法和英文语法中一般只有单数和复数两种意义，而在梵文语法中则有单数、双数和复数三种意义，其范畴也是通过八格的形式表示。但具体到基数词和序数词的用法见后文数词专节。

（二）名词的构成特征

1. 八格：体格、业格、具格、为格、从格、属格、依格（亦称位格）、呼格

2. 三性：阳性（如पुरुष\puruṣa，男人）、中性（वस्तु\vastu，事物、东西）、阴性（स्त्री \ strī，女人）；[①]（以长音आ \ ā、ई\ī、ऊ\ū结尾的词大多数都是阴性词。）

3. 三数：单数、双数、复数

① 通常说来表示男人或雄性动物及阳刚性、生长性事物为阳性；表示女人或雌性动物及阴柔性、蕴含性事物为阴性；表示无生命物质及抽象性事物为中性。此三性的分别只存在于以梵语、德语为代表的较为古老的印欧语系中。

三 八格

(一)体格:在句中做主语

1. 一个体格直接做主语

例:	बोधिसत्त्वः	धर्मे	चरति।
	bodhisattvaḥ	dharme	carati।
	体阳名单	依阳名单	√car-1 三单
	(菩萨)	(法)	(行)

——菩萨于法中修行。

2. 多个体格做一个主语,即同位语,此种情况下,多体格的格相同,性和数可以不同

例:	बोधिसत्त्वः	महासत्त्वः	धर्मे	चरति।
	bodhisattvaḥ	mahāsattvaḥ	dharme	carati।
	体阳名单	体阳名单	依阳名单	√car-1 三单
	(菩萨)	(摩诃萨)	(法)	(行)

——菩萨摩诃萨于法中修行。

3. 体格也可以做表语,此时往往会省略动词"是"。也就是说如果出现非同位语的多个体格时,其一限定其他

例:	संस्काराः	अनित्याः	(सन्ति)।
	saṃskārāḥ	anityāḥ	(santi)।
	体阳名复	体阳形复	√as-2 三复
	(行)	(无常的)	(是)

——诸行是无常的。

（二）业格：在句中做宾语

1. 一个业格直接做宾语

例：बुद्धः धर्मं देशयति।

buddhaḥ dharmaṃ deśayati|

体阳名单 业阳名单 √ diś-6 三单

（佛）（法）（教授）

——佛陀讲授法。

2. 若一个句子中出现多个业格（多业格的格相同，性和数可以不同）

（1）若多业格均为同一类词，如均为人或均为物，则是同位语

例：अहं बोधिसत्त्वं महासत्त्वं पृच्छामि।

ahaṃ bodhisattvaṃ mahāsattvaṃ pṛcchāmi|

体代一单 业阳名单 业阳名单 √ prach-6 一单

（我）（菩萨）（摩诃萨）（问）

——我问菩萨摩诃萨。

（2）若多业格在一起，而非同位语，则为其一限定其他

例：चेतनाम् अहं कर्म वदामि।

cetanām ahaṃ karma vadāmi|

业阴名单 体代一单 业中名单 √ vad-1 一单

（思）（我）（业）（说）

——我说思就是业。

（3）若是双业格，一为人，一为物，则表示人的业格可作为格使用，表示“为此人……”

例：बुद्धः　श्रावकान्　धर्मं　देशयति।

buddhaḥ　śrāvakān　dharmaṃ　deśayati|

体阳名单　业阳名复　业阳名单　√ diś-6 三单

（佛）　（弟子）　（法）　（讲授）

——佛陀为弟子讲授法。

3. 特殊情况：不修饰任何名词的形容词作业格时，当副词用

例：सः　सुखं　विहरति।

saḥ　sukhaṃ　viharati|

体阳代三单　业中形单　√ hṛ-1 三单

（他）　（快乐的）（住）

——他快乐地居住。

（三）具格：表示方法、行动者、理由动机、一起。相当于汉语中的“通过……”“因为……”“被某人……”“和……一起”

1. 表示行动者、方法手段、理由动机。通常翻译为：“被某人……”“通过……”“以……的方式”“因为……”“关于……”

例：（1）एवं　मया　श्रुतम्।

evaṃ　mayā　śrutam|

固　具代一单　√ śru-5 ppp（过去被动分词）

（如是）（我）　（听）

——如是我闻。

（2）पुरुषः　अनेन　पर्यायेन

puruṣaḥ　anena　paryāyena

体阳名单　具代阳三单　具阳名单

（人）　（这样）　（方式）

आत्मभावान् परित्यजति

ātmabhāvān parityajati|

业阳名复 √ tyaj-1 三单

（自我） （放弃）

——人以这样的方式放弃了自我。

（3）सर्वे धर्माः स्वभावेन शून्याः।

sarve dharmāḥ svabhāvena śūnyāḥ ।

体阳代三复 体阳名复 具阳名复 体阳形复

（一切） （法） （自性） （空的）

——一切法因自性而是空的。

2. 特殊情况

（1）与सह \ saha、सार्धम् \ sārdham连用，表示“和……一起”

例：बुद्धः महासङ्घेन सार्धं नगरं प्रविशति।

buddhaḥ mahā-saṅghena sārdhaṃ nagaraṃ praviśati|

体阳名单 具阳名单 固 业中名单 √ viś-6 三单

（佛陀） （大僧团） （一起）（城镇） （进入）

——佛陀和大僧团一起进入城镇。

（2）与अलम् \ alam连用，表示“适合……” “足以……”

例：अलं तावत् अनेन

alaṃ tāvat anena

固 固 具阳代三单

（足以）（现在）（这）

——现在，这已经足够了。

（3）与विना \ vinā连用，表示“除……之外”

例：ते　　मया　　विना　　नगरं　　प्रविशन्ति

te　　mayā　　vinā　　nagaraṃ　　praviśanti

体阳代复　　具代一单　　固　　业中名单　　√ viś-6 三单

（他们）　　（我）　　（除）（城镇）　　（进入）

——除了我之外，他们都进入了城镇。

（四）为格：表示目的。相当于汉语中的“为……”“为了……的目的”

1. 表示“为……”“为了……的目的”

例：बोधिसत्त्वाः　　बोधाय　　चरन्ति।

bodhisattvāḥ　　bodhāya　　caranti|

体阳名复　　为阳名单　　√ car-1 三复

（菩萨）　　（觉）　　（行）

——诸菩萨为了觉悟而修行。

2. 特殊情况

（1）与भवति \ bhavati（有，是，在）、संपद्यते \ saṃpadyate（带来）、संवर्तते \ saṃvartate（导致、有助于）等连用时，做宾语，一般放在动词前面

例：①उपद्रवाय　　भवति　　कोपः।

upadravāya　　bhavati　　kopaḥ|

为阳名单　　√ bhū-1 单　　体阳名单

（灾难）　　（成）　　（忿怒）

——忿怒成就 \ 导致灾难。

②शिक्षा गुणाय संपद्यते।

śikṣā guṇāya saṃpadyate।

体阴名单 为阳名单 √pad－4 三单

（学） （功德） （带来）

——学带来功德。

（2）与 अलम् \ alam 连用时，表示“合适，充足”（与具格同，可见 अलम् \ alam 一词本身为“合适，充足”，故与之连用的具格，为格皆延续此义）

例：अलं वचनाय।

alaṃ acanāya।

固 为阳名单

（合适）（言语）

——对……来说是最合适的词。（常常翻译为“称之为……”。）

表 5 具格和为格使用对比

अलं तावत् अनेन	अलं तावत् अस्मै
alaṃ tāvat anena	alaṃ tāvat asmai
固 固 具阳代三单	固 固 为阳代三单
（足够）（现在）（这样）	（足够）（现在）（这样）
——现在，就这样足矣了。	——现在，就这样足矣了。

（五）从格：表示时间点、空间点、原因、比较。相当于汉语中的“从……时间”“从……地方”“由于……”“和……相比”

1. 常用法

（1）表示时间点、空间点，翻译为“从……时候”“从……地方”

例：अहम् अगारात् गच्छामि।

aham agārāt gacchāmi|

体代一单 从阳名单 √gam-1 一单

（我） （房子） （去）

——我从那所房子离开。

（2）表示原因

例：स्वलक्षनधारणात् धर्मः।

svalakṣana-dhāraṇāt dharmaḥ|

从中名单 体阳名单

（能持自相） （法）

——法是因为能持自相。（常常翻译为“能持自相故，名为法”。）

（3）表示比较，从格为被比较者

例：तस्मात् बहुतरं पुण्यस्कन्धं प्रसवति।

tasmāt bahutaraṃ puṇya-skandhaṃ prasavati|

从中代三单 业阳形单 业阳名单 √sū-1 三单

（那个） （更大的） （功德） （招来）

——（这）比那个招来更大的功德。

2. 特殊用法：从格后缀 तस् \ tas，तः \ taḥ，在句中做副词，翻译为“从……方面来说”“就……而言”

例：बोधिसत्त्वः रूपाणि शून्यतः पश्यति।

bodhisattvaḥ rūpāṇi śūnyataḥ paśyati|

体阳名单 业中名复 从格后缀做副词 √paś-1 三单

（菩萨） （色） （空性） （见）

——菩萨从空性的角度来见色。（视色为空）

（六）属格：表示两个名词之间的隶属关系。相当于汉语中的“……的……”

1. 表示两个名词性词语之间的从属关系，通常翻译为“……的……”

例：	बुद्धस्य	धर्मः
	buddhasya	dharmaḥ
	属阳名单	体阳名单
	（佛陀）	（法）

——佛陀的法。

2. 特殊用法

（1）有时做为格用，表示“为了……”

例：	बुद्धः	सत्त्वामां	धर्मं	देशयति।
	buddhaḥ	sattvānāṃ	dharmaṃ	deśayati।
	体阳名单	属阳名复	业阳名单	√ diś-6 三单
	（佛陀）	（有情）	（法）	（说）

——①佛陀为诸有情说法。

②佛陀说有情的法。

两种翻译视上下文情况而定。

（2）固定用法：“属格 + भवति \ bhavati 或 अस्ति \ asti”，表示占有、拥有

例：	पुरुषस्य	पुत्रः	भवति\	अस्ति।
	puruṣasya	putraḥ	bhavati\	asti।
	属阳名单	体阳名单	√ bhū-1 三单	√ as-2 三单
	（人）	（儿子）	（有）	（有）

——这个人有个儿子。

注意以下对比：

例：सः　　　　　　　पुरुषस्य　　　पुत्रः

saḥ　　　　　　　puruṣasya　putraḥ

体阳代三单　　属阳名单　　体阳名单

（他）　　　　　（人）　　　（儿子）

भवति\　　　　　अस्ति।

bhavati\　　　　asti|

√ bhū-1 三单　√ as-2 三单

（有，是）　　（有，是）

——①他是人的儿子。

②人有个儿子是他。

（3）固定用法：“属格 + एवम् \ evam+भवति \ bhavati 或 + एवम् \ evam + अस्ति \ asti”，表示“属格作此想……”

例：मम　　　न　　एवं　　　भवामि।

mama　　na　　evaṃ　　bhavāmi|

属代一单 固　　固　　　√ bhū-1 一单

（我）　　（不）（如是）（有、是）

अहं　　　देवः　　　　　इति।

ahaṃ　　devaḥ　　　　iti|

体代一单 体阳名单　　　固

（我）　　（天）　　　（引号）

——我不作是想：“我是天。”

（4）属格有时做主语

例：अप्रातित्वात् बोधिसत्त्वस्य प्रज्ञापारमितां

aprātitvāt bodhisattvasya prajñāpāramitāṃ

从中名单 属阳名单 业阴名单

（无所得性）（菩萨） （般若波罗蜜）

विहरति अचित्तावरणः।

viharati acitta-āvaraṇaḥ|

√hṛ-1 三单 体阳名单

（住） （无心挂碍）

——因为无所得性，菩萨住于般若波罗蜜，是心无挂碍的。

（七）依格：表示时间、地点、关于。相当于汉语中的“在……时候”“在……地方”“在……情况下”“就……来说”“关于……”

1. 表示所在的时间、地点。翻译为“在……时候”“在……地方”

例：एकस्मिन् लोके न द्वौ बुद्धौ

ekasmin loke na dvau buddhau|

固 依阳名单 固 数 体阳名双

（一个）（世界） （无）（二）（佛）

——在一个世界没有两个佛。

2. 表示“在……情况下”就……来说“关于……”

例：सत्त्वासत्त्वयोः आघातः क्रोधः च।

sattva-asattvayoḥ āghātaḥ krodhaḥ ca|

依阳名双 体阳名单 体阳名单 固

（有情、无情） （恼害） （忿怒） （和）

——关于有情、无情的恼害和忿怒。

（八）呼格①：表示对某人的称呼。相当于汉语和英语中的直呼其名，在句中表示对某人打招呼（少用于无情之物）

例：इह　　शारिपुत्र।

iha　　śāriputra|

固　　呼阳名单

（这里）（舍利子）

——这里，舍利子！

四　名词、复合词、代词、数词

（一）名词

在梵语中，任何一个名词都不会以原型出现在句子中，因为它必须在句子中承担语法作用，因此，每个名词都会有八格、三数，共 24 种变化。

例如，以 अ \ a 结尾的阳性名词 देव \ deva，“天”，其八格三数的变化是：

单数的体格为देवः \ devaḥ，业格为देवम् \ devam，具格为देवेन \ devena，为格为देवाय \ devāya，从格为देवात् \ devāt，属格为देवस्य \ devasya，依格为देवे \ deve，呼格为देव \ deva。

双数的体格、业格、呼格为देवौ \ devau，具格、为格、从格为देवाभ्याम् \ devābhyām，属格、依格为देवयोः \ devayoḥ。

复数的体格、呼格为देवाः \ devāḥ，业格为देवान् \ devān，具格为देवैः \ devaiḥ，为格、从格为देवेभ्यः \ devebhyaḥ，属格为देवानाम् \ devānām，依格为देवेषु \ deveṣu。

其中以同一个元音或辅音结尾的词中又有三性的不同，比如有以 अ \ a 结尾的阳性名词，也有以 अ \ a 结尾的中性名词，其 24

① 无论以什么字母结尾的名词，呼格的词尾变化：（1）不同于体格单数；（2）相同于体格双数、复数。

种变化又有不同。还有以 अ \ a 结尾的阴性名词，虽然大多数阴性名词会以长音 आ \ ā 结尾，但也不排除极少的特殊情况。更有甚者，即便同性中还有规律与特殊变化的分别，比如同样以长音 ई \ ī 结尾的阴性的名词，就会有不同的好几种变化方式，所以这样一个复杂庞大的变化规律通过背诵的方式来记住，在最初的时候是有很大困难的，通过列表查询则会方便很多。①

（二）复合词

在梵语中，复合词的存在非常普遍。根据每一种复合词中各个成分之间的关系而分为六种类型，被称为“六离合释”。“离”指的是各个成分分开后各有各的意思，“合”指的是这些成分合在一起后呈现出一种新的含义。复合词通常由两个或者两个以上的词语构成，其性质由最后一个词的性质决定，前面的词则保持原型。

1. 相违释

此类复合词中的各个成分的性质相同，或者皆为名词，或者皆为形容词，或者皆为副词。在句中也作为名词、形容词和副词而用。其中每个成分所占有的位置同等重要，彼此之间可以用“和”来连接。如：नामरूपे \ nāma-rūpe，名色，一般译为“名和色”。有时也会以单数、中性名词形式表达一个整体。如：नामरूपम् \ nāma-rūpam，形名，表示一个个体存在的完整的心、身复合体。

对比以上两种情况，当最后一个词以双数形式出现时，表示名和色两个部分的并列。而当最后一个词以单数形式出现时，则表示一个整体。

① 以不同元音和辅音结尾的名词的八格变化常用表见附录表 10。

2. 依主释

此类复合词中成分与成分之间存在限定关系，即格的关系，其中后一个成分被前一个成分所限定修饰。在句中以复合词中最后一个成分的词性为准而起语法作用。

（1）以名词作为最后成分，于句中做名词。

如：बुद्धधर्मः \ buddha-dharmaḥ ，佛法（属格关系）。

（2）以形容词作为最后成分，于句中做形容词。

如：स्वभावशून्य \ svabhāva-śūnya，自性空（具格关系）。

（3）以动词词根作为最后成分，于句中做名词或形容词。

如：सर्वज्ञा \ sarva-jñā，一切智（具格关系）。

3. 持业释

此类复合词与依主释很像，也是成分与成分之间存在限定关系，也是前一个成分修饰后一个成分，但彼此之间却不再是格的关系，因为各成分之间的格是相同的，或者由副词来限定。

（1）名词+名词：二者同格，在句中做名词。

如：निर्वाणधातुः \ nirvāṇa-dhātuḥ，涅槃界。

（2）形容词+名词：二者同格，在句中做名词。

如：महासत्त्वः \ mahā-sattvaḥ，大的有情。

（3）副词+名词：在句中做名词。

如：पुनर्भवः \ punar-bhavaḥ，重生。

（4）名词+形容词：在句中做形容词。

如：बोधिसत्त्वभूत \ bodhisattva-bhūta，成为菩萨的。

（5）形容词\副词+形容词：在句中做形容词。

如：यथोक्त \ yathā-ukta，如是所说的。

（6）形容词\副词+副词：在句中做形容词。

如：अश्रुतपूर्व \ aśruta-pūrva，前所未闻的。

4. 邻近释

此类复合词通常由一个副词和中性单数名词组成，前一成分修饰后一成分。虽然最后一个词是名词，但是却整体在句中做副词用。副词属于不变词，因此邻近释复合词没有词尾的变化。如：यावज्जीवम् \ yāvad-jīvam，尽形寿。

5. 带数释

此类复合词中的前一部分是数字，而在句中所起的作用由后一个词的性质决定，可以做名词、形容词、副词。

如：पञ्चस्कन्ध \ pañca-skandha，五蕴。

6. 多财释

此类复合词是整体作为一个形容词来用的复合词。通常其结尾是一个名词或者做名词用的形容词，而前者则有可能是动词以外的一切词。

（1）以否定小品词अ \ a作为前缀+名词。

如：अमलाधर्मः \ a-malā-dharmaḥ，无垢法。

（2）过去式小品词+名词。如：नीतार्थम् \ nīta-artham，了义。

（3）副词+名词。如：एवंलक्षणा \ evaṃ-lakṣaṇā，如是相。

（4）名词+形容词。如：निर्वाणपरमम् \ nirvāṇa-paramam，最高的涅槃。

（5）名词+后缀क \ ka。如：अनर्थकम् \ anarthakam，无用的。

（6）名词+后缀इन् in。

如：दुःखनिरोधगानिनी \ duḥkha-nirodha-gāninī，趋向苦灭的。

在某种程度上，前五种复合词都可以视为多财释复合词。

（三）代词

1. 梵语中的代词和名词一样，也要通过八格三数 24 种变化

而在句中承担语法作用

例：एषो	मम	सहाय्कः ।	सर्वार्थेषु
eṣo	mama	sahāykaḥ।	sarva-artheṣu
体阳代三单	属代一单	体阳名单	依阳名复
（他）	（我）	（朋友）	（一切情况）
मां	न	परित्यजति ।	
māṃ	na	parityajati।	
业代一单	固	√tyaj-1 三单	
（我）	（不）	（舍弃）	

——他是我的朋友，不会在任何情况下舍弃我。

此句中"他""我"都是代词，而"我"还分别以属格和业格出现两次。

梵语中的代词共分五大类。

（1）人称代词：指代人，表示"我""你""他"。其中"他"有阳性、中性和阴性的分别，而"我"和"你"则没有。

（2）指示代词：指代物，表示"这""那"。都有三性的分别。

（3）疑问代词：既可指代人，也可指代物，表示"谁""哪里""什么"等，都有三性的分别，一般以"क्\k""य्\y"开头。

（4）不定代词：也是既可指代人，也可指代物，表示"哪一个""哪些""哪里"等，都有三性的分别。和疑问代词一样，一般也都以"क्\k""य्\y"开头。

（5）替代词：这是很特殊的一类代词，可以指代一切人和物，但是它的出现只能在其所指代者之后，而不能独立使用。

另外，在梵语中，表示"一切""所有"的词"सर्व\sarva"也被归于代词一列，这需要格外注意。①

---

① 代词的八格变化表见附录表11。

2. 关系词

表示一个句子中前一句或前一个词和后一句或后一个词之间的某种呼应关系。通常以组合的形式出现，其中关系主体称为“关系词”，与之呼应者称为“关联词”，以表示一对关系。关联词与关系词在格、数、性上并不一定要求保持一致，因为它的性质取决于它在从属句子中的语法功能。

（1）关系词与关联词保持格、数、性的一致

例：यो　　वीतरागः　　स

Yo　　vītarāgaḥ　　sa

关系词（体阳代三单）adj　　关联词（体阳代三单）

（谁）　　（离欲）　　（他）

बुद्धः।

buddhaḥ।

体阳名单

（佛）

——谁是离欲的，他就是佛\离欲者即为佛。

（2）关系词和关联词不用保持格、数、性的一致

例：यः　　संबुद्धस्

yaḥ　　saṃbuddhas

关系词（体阳代三单）√ budh-1ppp

（谁）　　（彻底觉悟）

तं　　वन्दामः।

taṃ　　vandāmaḥ।

关联词（业阳代三单）√ vand-1 一复

（他）　　（崇拜）

——谁是彻底觉悟的（人），我们就崇拜他。

（3）常用的关系代词

①यः \ yaḥ……सः \ saḥ……，及人称代词中包括三性、三数、

八格，共 72 种：谁……他……。

② यत् \ yat……तत् \ tat……，及人称代词中包括三性、三数、八格，共 72 种：谁……它……。

③ या \ yā……सा \ sā……，及人称代词中包括三性、三数、八格，共 72 种：谁……她……。

（4）关系词中还有一组关系副词，其用法和关系代词一致

例：

यत्र	प्रज्ञापारमितां	भाषिष्यते ।	तत्र
yatra	prajñāpāramitāṃ	bhāṣiṣyate ।	tatra
关系词	业阴名单	√ bhāṣ-1 三单，将来	关联词
（哪里）	（般若波罗蜜）	（讲授）	（那里）

बहुतरं	पुण्यं	प्रसविष्यति ।
bahutaraṃ	puṇyaṃ	prasaviṣyati ।
adj	体中名单	√ sū-1 三单，将来
（多）	（功德）	（招致）

——哪里讲授般若波罗蜜，那里就会招感很多功德。（讲授般若波罗蜜之处会招感很多功德。）

常用的关系副词有：

①यत् तद्……तत्……\ yat tad……tat……：无论什么……它……

② यो यः……सः…… \ yo yaḥ……saḥ：无论谁……他……

③ यस्मै तस्मै…… \ yasmai tasmai……：无论为了谁……

④ यत् किम्चित्…… \ yat kimcit……：无论什么……

⑤ यः कश्चित्…… \ yaḥ kaścit……：无论是谁……

⑥ येन केना…… \ yena kenā……：无论通过什么方法……

⑦ यतः……ततः…… \ yataḥ……tataḥ……：因为……所以……，从哪里……从那里……

⑧ यथा……तथा…… \ yathā……tathā……：因为……所以……，以何种方式……以那种方式……

⑨ यत्र……तत्र…… \ yatra……tatra……：哪里……那里……

⑩ यदा……तदा…… \ yadā……tadā……：何时……那时……

⑪ यावत्……तावत्…… \ yāvat……tāvat……：在何种程度……在那种程度……，只要……就……

⑫ येन……तेन…… \ yena……tena……：通过什么……通过那个……，因为……所以……

如此等等。

需要注意的是，在一对关系词中，关联词有时候并不出现，这会建立在可被完全理解的情况下。再者，虽然关系词与关联词有意义上的先后之别，但鉴于梵语中语序散乱，有时关联词所引导的句子也会放在关系词所引导的句子之前。所以对于这种具体情况一定要做仔细的辨析。

（四）数词

梵语中的数字非常复杂，其计算方式往往超出我们的逻辑范围，因此在学习中最好只是依据文本。如：सप्तदश \ saptadaśa：其中सप्त \ sapta是“7”，दश \ daśa是“10”，两个放在一起却是“17”，而不是“70”。再如大家非常熟悉的“一千二百五十人俱”在数字的表达是：अर्धत्रयोदशभिर् भिक्षुशतैः \ ardha-trayodaśabhir bhikṣu-śataiḥ，其中अर्ध \ ardha意思是“半”，त्रयो \ trayo是त्रयः \ trayaḥ的连音变化，意思是“三”，दशभिर् \ daśabhir是“十”，शतैः \ śataiḥ意思是“百”，按照字面理解应该是：“十三个一百人中减去一百人中的一半，即五十人，最后得出一千二百五十人俱”。

如此等等，着实让人费解。

1. 基数词

在梵语中，基数词里只有 1 到 4 是有三性的分别的，因此，当它们修饰其他词语时，要与所修饰的词保持格、数、性的一致。有意思的是每个数词，无论它本身代表的是单数、双数还是复数，在修饰其他词时都会有另外的非本身数字的形式。

5 到 19 则没有了三性的分别，而只有格和数的分别。

以上两种，即 1 到 19 的基数词在句中的作用就像形容词。

20 及以上的基数词在句中的作用是名词，但是却依然被要求与其修饰的词保持格的一致性。

2. 序数词

序数词在句中做形容词用。

若所修饰的词为阳性词和中性词，则序数词以 अ \ a 结尾。其中第 20 及以上除了以 अ \ a 结尾外，还有可能会添加一个后缀 तम \ tama。

若所修饰的词尾为阴性词，则序数第 1- 第 4 以 अ \ ā 结尾；第 5 及以上以 ई \ ī 结尾。其中第 4 可以拥有以上两种情况。①

① 数词表见附录表 12。

第四部分：分词

分词，系一种非谓语动词形式。

所谓“分”，为“部分”之意，即此分词的一部分是动词功能，一部分是形容词功能。所有的分词都由动词词根构成，因此其本质是动词。但在句中的作用却是形容词，和形容词所要遵循的规则一致，大部分情况下有其所修饰的名词，并且与之保持格、数、性的一致。

一　过去被动分词

（一）语法作用

1. 表示一个动作的完成，一般含有被动的意义，在句中做形容词[①]

例：

बुद्धधर्मा	अबुद्धधर्मा	इति
buddhadharmā	abuddhadharmā	iti
体阳名复	体阳名复	固
（佛法）	（非佛法）	（即）
ते	तथागतेन	भाषिताः।
te	tathāgatena	bhāṣitāḥ।
体阳代三复	具阳名单	√bhāṣ-1，过去被动分词
（他们）	（如来）	（说）

——佛法即非佛法，他们是被如来所说的。

① 不及物动词除外。在梵语中，及物动词后面要跟宾语，但及物动词也会被用作不及物动词。

2.过去被动分词在句中做形容词，但是由于其本质为动词，所以在省略掉谓语动词“अस्ति \ asti”或“भवति \ bhavati”时，通常直接将其翻译为谓语动词

例：न　स　कंचिद्　धर्मम्　आपन्नः ।

na　sa　kaṃcid dharmam　āpannaḥ ।

固　体阳代三单　固　业阳名单　√pad-4，过去被动分词

（不）（他）　（少）（法）　（生）

——他不生少法。

3.当过去被动分词与अस्ति \ asti、भवति \ bhavati的现在时动词连用时，表示“现在完成时”的意义

例：तेन　बोधिसत्त्वेन　इयं　गम्भीरा

tena　bodhisattvena　iyaṃ　gambhīrā

具阳代三单　具阳名单　体阴代三单　形容词

（此）　（菩萨）　（此）　（甚深）

प्रज्ञापारमिता　न　श्रुता

prajñāpāramitā　na　śrutā

体阴名单　固　√śru-5，过去被动分词

（般若波罗蜜）（不）　（听）

भवति ।

bhavati ।

√bhū-1 三单（主动语态、陈述语气、现在时）

（是，有，在）

——此甚深的般若波罗蜜还没有被此菩萨听闻过。

（二）构成

由添加后缀-त \ -ta、-इत \ -ita、-न \ -na形成过去被动分词的原型，再根据其所修饰的名词的格、数、性做出相应的变化

1. 第一类—第九类动词词根以元音结尾，元音变为弱级形式 +त \ ta，न \ na

例：√ भा \ bhā-2 “照耀” → भात \ bhāta

√ गै \ gai-1 “唱” → गीत \ gīta

√ हा \ hā-3 “放弃” → हान \ hāna

2. 第一类—第九类动词词根以辅音结尾，大部分情况下元音变为弱级形式 +इत \ ita

例：√एध् \ edh-1 “繁荣，成长” → एधित \ edhita（元音未变）

√हस् \ has-1 “笑” → हसित \ hasita

3. 第十类动词、词干结尾带 अय \ aya 的动词、使役动词，作基础变化后去掉 अय \ aya，再 +इत \ ita

例：√चिन्त् \ cint-10 “思” → चिन्तित \ cintita

√विद् \ vid-2 “见” → वेदित \ vedita（使役动词）

√चर् \ car-1：“行” → चारित \ cārita（使役动词）

4. 另有一些特殊情况

例：√दा \ dā-3 “给” → दत्त \ datta

√ग्रह् \ grah-9 “取，夺，理解” → गृहीत \ gṛhīta

√लभ् \ labh-1 “得” → लब्ध \ labdha

二　将来被动分词

（一）语法作用

用以表示某种必要性、义务性或潜在性的动作，通常译为“应被……”“必须被……”“可以被……”。

例：यत्र　गन्धस्　तत्र　वर्णेन

yatra　gandhas　tatra　varṇena

关系词　体阳名单　关联词　具中名单

（哪里）（香）　（那里）（色）

भवितव्यम् ।

bhavitavyam ।

√ भू \ bhū-1，将来被动分词

（有）

——哪里有香味，那里就应该有色。

（二）构成

由添加后缀-य \ ya、-अनीय \ anīya、-तव्य \ tavya、-इतव्य \ itavya 形成将来被动分词的原型，再根据其所修饰的名词的格、数、性做出相应的变化。

1.-य \ ya：

（1）词根最后的元音若是 आ \ ā 或 इ \ i、ई \ ī，先变为 ए \ e，再 +य \ ya。

例：√ दा \ dā-3 “给” → दे+य → देय \ de+ya → deya

√ नी \ nī-1 “领导，导致” → ने+य → नेय \ ne+ya → neya

（2）词根最后的元音若是 उ \ u、ऊ \ ū，先变为 अव् \ av、आव् \ āv，再 +य \ ya

例：√श्रु \ śru-5 “听” →श्रव् + य → श्रव्य \ śrav+ya→śravya

√भू \ bhū-1 “觉” →भव्/भाव् + य → भव्य / भाव्य \ bhav / bhāv+ya→bhavya/bhāvya

（3）词根最后的元音若是其他则或加强，或不加强。不被加强的短元音要先 +t，再 +ya

例：√कृ \ kṛ-8 “做” →कृ \ kṛ+त् \ t+य \ ya→कृत्य \ kṛtya

（4）若是使役动词等，则派生部分在 +य \ ya 之前先去掉

例：√व्च् \ vac-2 “说” → वाचय \ vācaya（去掉अय \ aya）+ य \ ya→वाच्य \ vācya

2.-अनीय \ anīya：词根元音做重韵变化

例：√कृ \ kṛ-8 “做” →कर् \ kar（ऋ \ ṛ的重韵变化）+ अनीय \ anīya→करनीय \ karanīya

3.-तव्य \ tavya，-इतव्य \ itavya：词根元音做重韵变化，若是使役动词则保留अय् \ ay

例：√कृ \ kṛ-8 “作” →कर् \ kar（ऋ \ ṛ的重韵变化）+ तव्य \ tavya→कर्तव्य \ kartavya（将被作）

√विद् \ vid-2 “知” →वेद् \ ved（इ \ i的重韵变化）+ इतव्य \ itavya→वेदितव्य \ veditavya

√विद् \ vid-2 “知” →वेद् \ ved（इ \ i的重韵变化）+ अय् \ ay（保留的使役动词词干）+इतव्य \ itavya→वेदयितव्य \ vedayitavya（将被使知）

三　现在分词

（一）语法作用

用以表示正在发生的动作，在句中做形容词。

例：बोधिसत्त्वाः	प्रज्ञापारमितायां	चरन्तः
bodhisattvāḥ	prajñāpāramitāyāṃ	carantaḥ
体阳名复	依阴名单	√car-1，现在分词
（菩萨）	（般若波罗蜜）	（行）

प्रज्ञापारमितायां　　　भवन्तः
prajñāpāramitāyāṃ　　　bhavantaḥ
依阴名单　　　√ bhū-1，现在分词
（般若波罗蜜）　　　（修）

एवं　　　शिक्षितव्याः ।
evaṃ　　　śikṣitavyāḥ ।
固　　　√ śikṣ-1，将来被动分词
（如是）（学）

—— 在般若波罗蜜中行，在般若波罗蜜中修的诸菩萨应如此学。

（二）构成

在形成现在分词之后随所修饰的名词做格、数、性的变化。

1. 词干动词（第一、四、六、十类动词）

（1）主动语态：词根+अन्त् \ ant，其变化同于以त् \ t结尾词的八格三数三性变化

（2）中间语态：词根各自做基本变化+मान māna，再做八格三数三性变化

（3）被动语态：与中间语态相同

注意：第四类动词的主动语态和被动语态在翻译时无分别。

2. 非词干动词（第二、三、五、七、八、九类动词）

（1）中间语态：词根各自做基本变化 +आन \ āna，再做八格三数三性变化

（2）主动语态和被动语态同词干动词的变化

第五部分：动词

梵语中的动词大部分源于词根。其构成由词根加上一个或多个前缀，再在词干中进行语态、语气、时态的变化，最后在词尾进行人称、数的变化。因此，当一个完整的动词出现在句中时，一定包含了以上五种元素。但也有一小部分动词由名词派生而来，这一类动词则没有词根，或者说词根淹没在历史的发展之中。[①]

动词在句中做谓语，通常情况下位于句末，但由于梵语“词法大于句法”的特征，也可以放在句中任一位置。（需要注意的是，若动词放于句首，有可能是一个问句。）

动词的基本变化是十类动词的构成法，然后在基本的构成法之上再进行语态、语气、时态的变化，最后根据主语的情况呼应人称和数的变化。因此首先要来学习十类动词的基本构成。

十类动词的构成基本遵循以下两个原则：（1）在词根变化为词干时，对词根中的元音做加强变音的变化；（2）在词干中加入新的元素。有的动词构成会两者同时进行变化，有的则只需要变化其一。

一　元音三级加强变音

在元音的三级变音中，常常被描绘为两种系统，我们要熟练掌握这两种构成系统的指向。

---

① 常用动词词根转化为动词表见附录表 13。

（一）原级→重韵\二合音\गुण \ guṇa→复重韵\三合音\वृद्धि \ vṛddhi

原级	अ \ a,आ \ ā	इ \ i,ई \ ī	उ \ u,ऊ \ ū	ऋ \ ṛ,ॠ \ ṝ	ऌ \ ḷ
重韵，गुण \ guṇa	अ \ a	ए \ e	ओ \ o	अर् \ ar	अल् \ al
复重韵，वृद्धि \ vṛddhi	आ \ ā	ऐ \ ai	औ \ au	आर् \ ār	आल् \ āl

若以原级为词根，由词根转化为词干时，大部分都要做重韵、复重韵的变化。

（二）减弱——普通级——加强

减弱	अ \ a,आ \ ā	इ \ i,ई \ ī	उ \ u,ऊ \ ū	ऋ \ ṛ,ॠ \ ṝ	ऌ \ ḷ
普通级	अ \ a	ए \ e	ओ \ o	अर् \ ar	अल् \ al
加强	आ \ ā	ऐ \ ai	औ \ au	आर् \ ār	आल् \ āl

若以普通级为词根，由词根转化为词干时，有时会做减弱或加强的变化。但是减弱和加强并不像以上原级→重韵→复重韵那样有一个固定的对应元音，而是随着元音做相应的变化。如，对于普通级来说，上一栏为减弱，下一栏为加强；对于加强级来说，普通级则为其减弱；对于减弱级来说，普通级则为其加强。因此所谓减弱和加强都要视具体情况而定。

二　十类动词基本构成

（一）第一类动词基本构成

1. 词根 +अ \ a+ 词尾，其中词根元音要做重韵变化

例：√भुध् \ budh：भुध् \ budh→बोध् \ bodh（उ \ u重韵变化为ओ \ o）+अ \ a+ति \ ti→बोधति \ bodhati“觉、唤醒”。

2. 特殊变化

（1）若字根以元音ए \ e、ओ \ o、ऐ \ ai 结尾，则分别会有以下变化。

① ए \ e→अय् \ ay：

例：√नी \ nī→ने \ ne（ई \ ī重韵变化为ए \ e）→नय् \ nay+अ \ a+ति \ ti→नयति \ nayati“导致、领导”。

② ओ \ o→अव् \ av：

例：√भू \ bhū→भो \ bho（ऊ \ ū重韵变化为ओ \ o）→भव् \ bhav+अ \ a+ति \ ti→भवति \ bhavati“有、是、在、成为”。

注意，此变化在做了基本的重韵变化之后再做变化。

③ ऐ \ ai→आय् \ āy：

例：√ध्यै \ dhyai→ध्याय् \ dhyāy+अ \ a+ति \ ti→ध्यायति \ dhyāyati“考虑、沉思”。

注意，有此变化时不需做重韵变化。

（2）以下两种情况时，词根元音不做重韵变化

①词根由一个长元音 + 一个辅音构成。

例：√जीव् \ jīv → जीव् \ jīv+अ \ a+ति \ ti → जीवति \ jīvati“生存”。

②词根由一个短元音 + 两个辅音构成。

例：√निन्द् \ nind → निन्द् \ nind+अ \ a+ति \ ti → निन्दति \ nindati“责备”。

（3）其他特殊变化

例：√गम् \ gam→गच्छति \ gacchati“走”。

√स्था \ sthā→तिष्ठति \ tiṣṭhati“站、住”。

（二）第二类动词基本构成

1. 词根 + 词尾，其中词根元音要做重韵或复重韵变化

（1）词根元音为 अ \ a、आ \ ā，构成词干时不变

例：√भा \ bhā→भा \ bhā（आā重韵变化仍为आ \ ā）+ ति \ ti→भाति \ bhāti“照耀”。

（2）词根元音为इ \ i、ई \ ī，构成词干时，一为不变、二为做重韵变化

例：√ईड् \ īḍ→ईट् \ īṭ+ते \ te→ईट्टे \ īṭṭe“赞扬、崇拜”（ड् \ ḍ变化为ट् \ ṭ为连音变化）

√द्विष् \ dviṣ→द्वेष् \ dveṣ（इ \ i重韵变化为ए \ e）+ ति \ ti→द्वेष्टि \ dveṣṭi“恨”。

（3）词根元音为उ \ u、ऊ \ ū、ऋ \ ṛ、ॠ \ ṝ、ऌ \ ḷ，构成词干时相应做重韵或复重韵变化

例：√जागृ \ jāgṛ→जागर् \ jāgar（ऋ \ ṛ重韵变化为अर् \ ar）+ ति \ ti→जागर्ति \ jāgarti“叫醒、激发”。

2. 特殊变化

第二类动词中最重要的一个词根√ अस् \ as 即为特殊变化，需要熟记。

例：√ अस् \ as（主动语态、陈述语气、现在时态）

	单数	双数	复数
第三人称	अस्ति\asti	स्तः\staḥ	सन्ति\santi
第二人称	असि\asi	स्थः\sthaḥ	स्थ\stha
第一人称	अस्मि\asmi	स्वः\svaḥ	स्मः\smaḥ

（三）第三类动词基本构成

1. 词根元音的减弱 \ 加强 + 词根 + 词尾

例：√दा \ dā→द \ da（词根元音的加强）+दा \ dā（词根原型）+ति \ ti→ददाति \ dadāti“给”。

2. 特殊变化

（1）长元音变为短元音

（2）ह्\h 变为 ज्\j

（3）ऋ\ṛ 变为 इ\i（现在时词干）、ऋ\ṛ 变为 अ\a（完成时词干）

（4）送气音变为非送气音

（5）喉音变为腭音

（6）स्s+ 破裂音时，破裂音重复

例：√हु\hu：ह्\h变为ज्\j+重复词根हु\hu变为हो\ho+ति\ti→जुहोति\juhoti“牺牲、奉献”。

√ह्री\hrī：第一个辅音ह्\h变为ज्\j，第一个长元音ई\ī变为短元音इ\i+词根重复ह्री\hrī加强为ह्रे\hre+ति\ti→जिह्रेति\jihreti“脸红、羞愧”。

√घृ\ghṛ：喉音घ्\gh变为झ्\jh，再变为非送气音ज्\j，ऋ\ṛ变为इ\i+词根重复ह्री\hrī加强为ह्रे\hre+ति\ti→जिघर्ति\jigharti“洒、撒”。

（四）第四类动词基本构成

1. 词根 +य\ya+ 词尾，其中词根元音不做重韵或复重韵的变化。

例：√मुह्\muh：मुह्\muh+य\ya+ति\ti→मुह्यति\muhyati“忘记、困惑”。

√दस्\das：दस्\das+य\ya+ति\ti→दस्यति\dasyati“缺乏”。

2. 特殊变化

例：√जन्\jan→जायते\jāyate“被生”。

√√जॄ\jṝ→जीर्यति\jīryati“衰退、腐烂”。

（五）第五类动词基本构成

1. 词根 +नु \ nu+ 词尾，其中词根元音不做重韵或复重韵的变化，所加的नु \ nu 要做重韵变化，变为नो \ no

例：√सु \ su：सु \ su+नु \ nu→सु \ su+नो \ no（उ \ u重韵变化为ओ \ o）+ति \ ti → सुनोति \ sunoti “压”。

2. 特殊变化

例：√श्रु \ śru：श्रु \ śru→शृ \ śṛ+नु \ nu → शृ \ śṛ+नो \ no（उ \ u重韵变化为ओ \ o）+ति \ ti→शृणोति \ śṛṇoti “听”。（न् \ n由于连音变化而变为ण् \ ṇ）

√अश् \ aś：अश् \ aś+नु \ nu+ते \ te → अश्नुते \ aśnute “获得”。（其中नु \ nu未做变化）

（六）第六类动词基本构成

1. 词根 +अ \ a+ 词尾，其中词根元音不做重韵或复重韵的变化

例：√लिख् \ likh：लिख् \ likh+अ \ a+ति \ ti → लिखति \ likhati “写”。

2. 特殊变化

（1）词根的尾音若是ऋ \ ṛ，则变为रिय् \ riy

例：√मृ \ mṛ：मृ \ mṛ → म्रिय् \ mriy+अ \ a+ति \ ti → म्रियति \ mriyati “死”。

（2）词根的尾音若是ॠ \ ṝ，则变为इर् \ ir

例：√कॄ \ kṝ：कॄ \ kṝ → किर् \ kir+अ \ a+ति \ ti → किरति \ kirati “撒”。

（3）√इष् \ iṣ → इच्छ \ icch+अ \ a+ति \ ti → इच्छति \ icchati “希望，欲望”

（七）第七类动词基本构成

1. 词根中元音 +न \ na+ 词尾

例：√युज् \ yuj：यु \ yu+न \ na+ज् \ j+ति \ ti → युनक्ति \ yunakti“参加”。（ज् \ j由于连音变化而变为क् \ k）

√रुध्\rudh：रु\ru+न\na+ध्\dh+ति\ti → रुनद्धि \ runaddhi“妨碍”。（ध् \ dh+त् \ t由于连音变化而变为द्ध् \ ddh）

2. 特殊变化

例：√इन्ध् \ indh → इन्द्धे \ inddhe“点燃、照亮”。

√उन्द् \ und → नुअत्ति \ nuatti“弄湿”。

（八）第八类动词基本构成

1. 词根 +उ \ u+ 词尾，其中词根元音做重韵变化，而उ \ u则要做重韵变化，变为ओ \ o。

例：√कृ \ kṛ：कृ \ kṛ → कर् \ kar+उ \ u→कर् \ kar+ओ \ o（उ \ u重韵变化为ओ \ o）+ति \ ti → करोति \ karoti“做”。

√तन् \ tan：तन् \ tan → तन् \ tan+उ \ u→तन् \ tan+ओ \ o（उ \ u重韵变化为ओ \ o）+ति \ ti → तनोति \ tanoti“拉伸”。

2，特殊变化：√ मन् \man：मन् \man+ अ \a+ ते \te → मनते \manate“想”

注意，此类动词词根只有8个，除去√कृ \ kṛ是以元音结尾外，其他的都是以न् \ n结尾。

（九）第九类动词基本构成

1. 词根 +ना \ nā，नी \ nī+ 词尾

这是一类具有特殊变化的动词形式，因为一个词根可以分别构成强词干和弱词干两种形式。

（1）词根 +ना \ nā+ 词尾——强词干动词。

例：√क्री \ krī+ना \ nā+ति \ ti→क्रीणाति \ krīṇāti“买、得”

（2）词根+नी \ nī+词尾——弱词动词。

例：√क्री \ krī+नी \ nī+ते \ te→क्रीणीते \ krīṇīte“买、得”

（3），词根+ न् \n+词尾

例：√ क्री \krī+ न् \n+ ए \e→ क्रीणे \krīṇe“买、得”

2. 特殊变化：在第九类动词中，有两种常见词根

（1）√ज्ञा \ jñā“知”，在变化前，先将ज्ञा \ jñā变为जा \ jā

①主动语态

	单数	双数	复数
第三人称	जानाति\jānāti	जानितः\jānitaḥ	जानन्ति\jānanti
第二人称	जानासि\jānāsi	जानीथः\jānīthaḥ	जानीथ\jānītha
第一人称	जानामि\jānāmi	जानीवः\jānīvaḥ	जानीमः\jānīmaḥ

②中间语态

	单数	双数	复数
第三人称	जानीते\jānīte	जानाते\jānāte	जानते\jānate
第二人称	जानीसे\jānīse	जानाथे\jānāthe	जानीध्वे\jānīdhve
第一人称	जाने\jāne	जानीवहे\jānīvahe	जानीमहे\jānīmahe

（2）√ग्रह् \ grah“抓住”，在变化前，先将ग्रह् \ grah变为गृह् \ gṛh

①主动语态

	单数	双数	复数
第三人称	गृह्णाति\gṛhṇāti	गृह्णीतः\gṛhṇītaḥ	गृह्णन्ति\gṛhṇanti
第二人称	गृह्णासि\gṛhṇāsi	गृह्णीथः\gṛhṇīthaḥ	गृह्णीथ\gṛhṇītha
第一人称	गृह्णामि\gṛhṇāmi	गृह्णीवः\gṛhṇīvaḥ	गृह्णीमः\gṛhṇīmaḥ

②中间语态

	单数	双数	复数
第三人称	गृह्णीते\gṛhṇīte	गृह्णाते\gṛhṇāte	गृह्णते\gṛhṇate
第二人称	गृह्णीषे\gṛhṇīṣe	गृह्णाथे\gṛhṇāthe	गृह्णीध्वे\gṛhṇīdhve
第一人称	गृह्णे\gṛhṇe	गृह्णीवहे\gṛhṇīvahe	गृह्णीमहे\gṛhṇīmahe

（十）第十类动词基本构成

1. 词根 +अय \ aya+ 词尾，其中词根元音做重韵变化

例：√चुर् \ cur：चुर् \ cur→चोर् \ cor+अय \ aya+ति \ ti→चोरयति \ corayati “偷”。

2. 特殊变化

（1）以下两种情况时，词根元音不做重韵变化

①词根由一个长元音 + 一个辅音构成

例：√पीड् \ pīḍ：पीड् \ pīḍ+अय \ aya+ति \ ti→पीडयति \ pīḍayati “逼迫”。

②词根由一个短元音 + 两个辅音构成

例：√चिन्त् \ cint：चिन्त् \ cint+अय \ aya+ति \ ti→चिन्तयति \ cintayati “思量”。

（2）有很少的词根中的 अ \ a 要做复重韵变化

例：√छद् \ chad：छद् \ chad→छाद् \ chād（अ \ a做复重韵变化为आ \ ā）+अय \ aya+ति \ ti→छादयति \ chādayati “覆盖”。

注意：第十类动词的构成与使役动词的构成相同，因此有时会将其归于使役动词。

三　小结

（一）第一、四、六、十类动词的主要差异

	结构	变化	特殊情况
第一类动词	词根 +अ \ a+ 词尾	重韵变化	1. 长元音 + 辅音时不变化 2. 短元音 + 两个辅音时不变化
第四类动词	词根 +य \ ya+ 词尾		
第六类动词	词根 +अ \ a+ 词尾		
第十类动词	词根 +अय \ aya+ 词尾（同于使役动词）	1. 重韵变化 2. 复重韵变化	1. 同第一类动词 2. 少数字根 अ \ a 有复重韵变化

（二）十类动词变化

	构成	变音变化	特殊变化
一	词根 +अ \ a+ 词尾	词根元音做重韵变化	1. 长元音 + 辅音，短元音 + 两个辅音时，元音不做重韵变化 2. 若词根以 ए \ e 结尾，变为 अय् \ ay 以 ओ \ o 结尾，变为 अव् \ av 以 ऐ \ ai 结尾，变为 आय् \ āy
二	词根 + 词尾	词根元音做重韵 / 复重韵变化	
三	重复词根 + 词根 + 词尾	做强词干弱化或弱词干强化	长元音变为短元音 ह् \ h 变为 ज् \ j ऋ \ ṛ 变为 इ \ i（现在时词干） ॠ \ ṝ 变为 अ \ a（完成时词干） 送气音变为非送气音 喉音变为腭音 s+ 破裂音变为破裂音重复
四	词根 +य \ ya+ 词尾		
五	词根 +नु \ nu+ 词尾	नु \ nu 做重韵变化变为 नो \ no	
六	词根 +अ \ a+ 词尾		1.词根尾音ऋ \ ṛ变为रिय् \ riy 2.词根尾音ॠ \ ṝ变为इर् \ ir
七	词根元音 +न \ na+ 词尾		
八	词根 +उ \ u+ 词尾	1. 词根元音做重韵变化 2.उ \ u 也做重韵变化	（此类词根仅 8 个）
九	1. 词根 +ना \ nā+ 词尾 2. 词根 +नी \ nī+ 词尾		1. 构成强词干 2. 构成弱词干
十	词根 +अय \ aya+ 词尾	1. 词根元音做重韵变化 2. 少数词根元音 अ a 做复重韵变化	1. 长元音 + 辅音，短元音 + 两个辅音时，元音不做重韵变化 2. 此类动词构成同于使役动词的构成，故在翻译上有时含有使役的含义

四　使役动词

表示“使……”意义的动词，在句中做谓语。①

① 有些动词只有使役动词形式。

例：सत्त्वान्	बोधयति	इति	बोधिसत्त्वः ।
sattvān	bodhayati	iti	bodhisattvaḥ ।
业阳名复	√ बुध्\budh-1 三单，使役	固	体阳名单
（有情）	（觉）	（即）	（菩萨）

—— 使诸有情觉悟者即是菩萨。

（一）构成

1. 词根 +अय \ aya+ 词尾，其中词根元音做重韵或复重韵变化

例：√बुध् \ budh-1：बुध् \ budh→बोध् \ bodh+अय \ aya+ति \ ti → बोधयति \ bodhayati“使觉”

词根√ बुध् \ budh 本是第一类动词，由此可见，十类动词中任意一类都可以构成使役动词形式。

2. 以下两种情况时，词根元音不做重韵变化

（1）词根由一个长元音 + 一个辅音构成

例：√भूष् \ bhūṣ-1：भूश् \ bhūṣ+अय \ aya+ति \ ti→भूषयति \ bhūṣayati“装饰”。

（2）词根由一个短元音 + 两个辅音构成

例：√इन्ध् \ indh-7：इन्ध् \ indh+अय \ aya+ति \ ti→इन्धयति \ indhayati“点燃、照亮”。

3，词根以 अ \a、आ \ ā 结尾，或以 इ \i、ए \e、ऐ \ai 结尾的部分词根

例：√स्था \ sthā-1：स्था \ sthā+प् \ p+अय \ aya+ति \ ti→स्थापयति \ sthāpayati“使站立、使建立”。

（二）特殊情况

1. 有些动词虽然有使役动词形式，但实际并不具有使役的含义

例：√धृ \ dhṛ-1：धृ \ dhṛ→धार् \ dhār（ऋ \ ṛ的复重韵变化为आर् \ ār）+अय \ aya+ति \ ti→धारयति \ dhārayati“持、承受”。

2. 第十类动词可被看作使役动词，但实际上也并没有使役的含义

五　动名词

是一种特殊的动词形式，无词尾变化，故又被称为绝对式。

（一）语法作用

1. 描述动作的先后：一个主语完成一系列动作，最后一个动作由普通动词表示，而前面的一连串动作都用动名词表示

例：भिक्षुः　　पात्रचीवरम्　　आदाय

bhikṣuḥ　　pātra-cīvaram　　ādāya

体阳名单　　业中名单　　√dā-3动名词

（比丘）　　（钵衣）　　（拿）

ग्रामं　　प्रविशति ।

grāmaṃ　　praviśati ।

业阳名单　　√ viś-6 三单

（村）　　（进入）

—— 比丘持衣钵进入村子。

在这一句话中，“拿”和“进入”是主语“比丘”进行的连续性动作，因此，第一个谓语动词“拿”用的是动名词形式，后一个谓语动词“进入”用的是普通动词形式。

2. 有时候动名词也可能表达一种被动的意思

例：अभिधर्मः　　कात्यायनीपुत्रप्रभृतिभिः　　पिण्डीतृत्य

abhidharmaḥ　　kātyāyanīputra-prabhṛtibhiḥ　　piṇḍītṛtya

体阳名单　　具阴名复　　√ kṛ-8 动名词

（阿毗达磨）　　（迦旃延尼子等）　　（结集）

स्थीयते ।

sthīyate ।

√ sthā-1 三单，被动

（建立）

—— 阿毗达磨是被迦旃延尼子等人结集建立的。

（二）构成：词根 +त्वा \ tvā，इत्वा \ itvā，य \ ya，त्य \ tya

1.词根+त्वा \ tvā

例：√ज्ञा \ jñā-9：ज्ञा \ jñā+त्वा \ tvā → ज्ञात्वा \ jñātvā“已知”。

√दृश् \ dṛś-1：दृश् \ dṛś+त्वा \ tvā → दृश्त्वा \ dṛstvā“已见”。

特殊变化：√वच् \ vac：वच् \ vac→उक् \ uk+तवा \ tvā→उक्त्वा \ uktvā“已说”。

2. 前缀（一个）+ 词根 +य \ ya

例：√ज्ञा \ jñā-9：अभि \ abhi+ज्ञा \ jñā+य \ ya→अभिज्ञाय \ abhijñāya“已知”。

√भज् \ bhaj-1：वि \ vi+भज् \ bhaj+य \ ya→विभज्य \ vibhajya“已分别”。

3. 前缀（一个或多个）+ 词根（以短元音结尾）+त्य \ tya

例：√इ \ i-2：प्र \ pra+इ \ i+त्य \ tya → प्रेत्य \ pretya“已走”。（ए \ e为连音变化）

√श्रि \ śri-1：सम् \ sam+आ \ ā+श्रि \ śri+त्य \ tya→समाश्रित्य \ samāśritya“已依止”。

4. 使役动词的动名词形式

（1）若没有前缀：词根+अय् \ ay+इत्वा \ itvā，其中词根元音做重韵变化例：√गम् \ gam-1：गम् \ gam+अय् \ ay+इत्वा \ itvā→गमयित्वा \ gamayitvā “已使离开”。

√दृश् \ dṛś-1：दृश् \ dṛś→दर्श् \ darś+अय् \ ay+इत्वा \ itvā→दर्शयित्वा \ darśayitvā “已显示”。

（2）若有前缀（一个或多个）：-य \ -ya 直接取代使役动词结尾，其中词根元音做重韵变化

例：√ज्ञा \ jñā-9：प्र \ pra+ज्ञा \ jñā+प् \ p+य \ ya→प्रज्ञाप्य \ prajñāpya “已使知”。

如果此时的词根元音未做重韵变化，则有य \ ya取代使役动词后缀अय \ aya中的后一अ \ a而成为अय्य \ ayya。

例：√गम् \ gam-1：अव \ ava+गम् \ gam+अय्य \ ayya→अवगमय्य \ avagamayya “已使了知”。

六　动词不定式

非谓语动词形式，在句中主要起动词的意义，多与谓语动词一起使用。通常紧放在谓语动词的前面，但也有与谓语动词相隔其他成分的时候。此类动词没有词尾变化，所谓“不定”指的就是不被词性变化所限定，故而不包含语态、语气、时态、人称、数的含义。

例：	बोधिसत्त्वो	बोधिचित्तम्	उत्पादयितुम्	इच्छति ।
	bodhisattvo	bodhicittam	utpādayitum	icchati ।
	体阳名单	业中名单	√pad-1，不定式	√i-2 三单
	（菩萨）	（菩提心）	（生）	（想）

——菩萨想生起菩提心。

（一）构成

1. 词根 +तुम् \ tum，इतुम् \ itum，其中词根元音做重韵变化

例：√बुध् \ budh-1：बुध् \ budh→बोध् \ bodh+तुम् \ tum→बोद्धुम् \ boddhum“知解”。（द्ध \ ddh为连音变化）

√लिख् \ likh-6：लिख् \ likh→लेख् \ lekh+तुम् \ tum→लेखितुम् \ lekhitum“写”。

2. 使役动词的不定式为使役动词的规律词根变化后 +अय् \ ay +इतुम् \ itum

例：√चर् \ car-1：चर् \ car→चार् \ cār+अय् \ ay+इतुम् \ itum →चारयितुम् \ cārayitum“去”。

√हा \ hā-3：हा \ hā→हा \ hā+अय् \ ay+इतुम् \ itum→हायितुम् \ hāyitum“放弃”。

（二）特殊用法

1. 不定式的主动语态和被动语态跟随谓语动词而定，其二者之间的形式没有区别

例：①स कुशलं चित्तं

स	कुशलं	चित्तं
sa	kuśalaṃ	cittaṃ
体阳代三单	形容词	业中名单
（他）	（善）	（心）

भावयितुं	शक्नोति ।
bhāvayituṃ	śaknoti ।
√ bhū-1，不定式	√ śak-5 三单
（成就）	（能）

——他能成就（发扬）善心。

②तेन कुशलं चित्तं

तेन	कुशलं	चित्तं
tena	kuśalaṃ	cittaṃ
具阳代三单	形容词	体中名单
（他）	（善）	（心）

भावयितुं　　शक्यते ।

bhāvayituṃ　　śakyate ।

√ bhū-1，不定式　√ śak-5 三单，被动

（成就）　　（能）

—— 善心能被他所成就（发扬）。

2. 去掉词尾 -म् \ -m 的不定式与名词 काम \ kāma（欲望）组成一个做形容词的复合词，表示“想要……”

例：बुद्धकायः　　निष्पादयितुकामेन　　बोधिसत्त्वेन

buddhakāyaḥ　niṣpādayitukāmena　bodhisattvena

体阳名单　　形容词　　具阳名单

（佛体）　　（想要实现的）　　（菩萨）

प्रज्ञापारमितायां　　शिक्षितव्यः ।

prajñāpāramitāyāṃ　śikṣitavyaḥ ।

依阴名单　　√ śikṣ-1 将来被动分词

（般若波罗蜜）　　（学、修）

—— 佛体将被想要实现的菩萨在般若波罗蜜中修学。

第六部分：语态、语气、时态

一个完整的，在句中能够做谓语的梵语动词需要同时具备五个元素：语态、语气、时态、人称和数。其中人称指的是第一、第二、第三人称，数指的是单数、双数、复数。此两项共同细分为第一人称单数、双数、复数，第二人称单数、双数、复数，第三人称单数、双数、复数。语态、语气和时态则是涉及这个词在句中的语法作用和真实含义。

一　语态

语态用以描述句子中动词和主语之间的关系。在梵语中这种关系被分别为三种。（注意：以下所列三种形式共 27 种变化都属于现在时态）

（一）主动语态

1. 语法作用：主语为动词的发起者，其动作会影响或有利于宾语，相当于他动词

例：		
सः	पलाशं	यजति ।
saḥ	palāśaṃ	yajati ।
体阳代三单	业中名单	√ yaj-1 三单
（他）	（花）	（供）

—— 他供花。

这句话所用的谓语动词是主动语态，因此句子有“他在为他

人做一场供花的仪式”的含义。

2. 构成：十类动词各自的基本变化后 + 主动语态词尾

	单数	双数	复数
第一人称	-अमि\ami	-अवः\avaḥ	-अमः\amaḥ
第二人称	-सि\si	-थः\thaḥ	-थ\tha
第三人称	-ति\ti	-तः\taḥ	-न्ति\nti

例：√ √ बुध् \budh-1“ 觉、唤醒 ”

	单数	双数	复数
第一人称	बोधामि \bodhāmi	बोधावः \bodhāvaḥ	बोधामः \bodhāmaḥ
第二人称	बोधसि \bodhasi	बोधथः \bodhathaḥ	बोधथ \bodhatha
第三人称	बोधति \bodhati	बोधतः \bodhataḥ	बोधन्ति \bodhanti

√बुध् \ budh-1是第一类动词，因此其基本变化是词根+अ \ a+词尾，其中词根元音要做重韵的变化而变为बोध् \ bodh，由बोध् \ bodh+अ \ a+词尾，如果是第三人称单数就+ति \ ti，以形成बोधति \ bodhati，如果是第一人称单数就+अमि \ ami，以形成बोधामि \ bodhāmi，长音आ \ ā是连音变化的结果。其他皆由此而类推。

（二）中间语态

1. 语法作用：主语为动词的发起者，其动作会影响，或有利于主语，相当于自动词

例：सः　　　पलाशं　　　यजते ।

sah　　　palāśaṃ　　　yajate ।

体阳代三单　业中名单　　√ yaj-1 三单（中间语态）

（他）　　（花）　　（供）

—— 他供花。

这句话所用的谓语动词是中间语态，因此句子有“他在为自己而供花”的含义。

2. 构成：十类动词各自的基本变化后 + 中间语态词尾

	单数	双数	复数
第一人称	词根辅音 -ए\e	-अवहे\avahe	-अमहे\amahe
第二人称	-से\se	词根辅音 -एथे\ethe	-ध्वे\dhve
第三人称	-ते\te	词根辅音 -एते\ete	-न्ते\nte

例：√बुध् budh-1 “觉，唤醒”

	单数	双数	复数
第一人称	बोधे\bodhe	बोधावहे\bodhāvahe	बोधामहे\bodhāmahe
第二人称	बोधसे\bodhase	बोधेथे\bodhethe	बोधध्वे\bodhadhve
第三人称	बोधते\bodhate	बोधेते\bodhete	बोधन्ते\bodhante

√बुध् \ budh-1 是第一类动词，因此其基本变化是词根 + अ \ a+ 词尾，其中词根元音要做重韵的变化而变为 बोध् \ bodh，由 बोध् \ bodh+अ \ a+ 词尾，如果是第三人称单数就 +ते \ te，以形成 बोधते \ bodhate，如果是第一人称单数就 +ए \ e，以形成 बोधे \ bodhe。其他皆由此而类推。

（三）被动语态

1. 语法作用：主语为动词的承受者

例：तेन　　　　पलाशं　　　यजयते ।

tena　　　　palāśaṃ　　yajayate ।

具阳代三单　业中名单　√yaj-1 三单（被动语态）

（他）　　　（花）　　　（供）

—— 花被他供。

这句话所用的谓语动词是被动语态，因此“花”成为主语，而供花人则用具格。

2. 构成：十类动词各自的基本变化后 + 被动语态词尾

	单数	双数	复数
第一人称	-ये\-ye	-यावहे\-yāvahe	-यामहे\-yāmahe
第二人称	-यसे\-yase	-येथे\-yethe	-यध्वे\-yadhve
第三人称	-यते\-yate	-येते\-yete	-यन्ते\-yante

例：√ बुध् \ budh-1 “觉，唤醒”

	单数	双数	复数
第一人称	बोधये\bodhaye	बोधयावहे\bodhayāvahe	बोधयामहे\bodhayāmahe
第二人称	बोधयसे\bodhayase	बोधयेथे\bodhayethe	बोधयध्वे\bodhayadhve
第三人称	बोधयते\bodhayate	बोधयेते\bodhayete	बोधयन्ते\bodhayante

√ बुध् \ budh-1 是第一类动词，因此其基本变化是词根 + अ \ a+ 词尾，其中词根元音要做重韵的变化而变为 बोध् \ bodh，由 बोध् \ bodh+अ \ a+ 词尾，如果是第三人称单数就 +यते \ yate，以形成 बोधयते \ bodhayate，如果是第一人称单数就 +ये \ ye，以形成 बोधये \ bodhaye。其他皆由此而类推。

二 语气

语气用以描述主语对行为或动作的态度，在梵语中共分有四种。

（一）陈述语气

1. 语法作用

主语表达叙述的态度，运用于各种时态。没有专属于自己的词尾，与语态相同。因此可以说我们以上所学到的语态的三种形式共 27 种变化都是陈述语气。

例：बुद्धः　　　शारिपुत्रं

buddhaḥ　　śariputraṃ

体阳名单　　业阳名单

（佛）　　　（舍利子）

वदति ।

vadati ।

√ vad-1 三单（主动语态、陈述语气、现在时态）

（说）

—— 佛对舍利子说。

2. 构成：与主动语态相同

（二）命令语气

1. 语法作用

（1）主语表达命令、希望、要求的态度，有时候也会表达为一种可能性，运用于现在时态。用于第二人称的情况更为多见，若用于第三人称则为礼貌性请求

例：त्वं　　　कुलपुत्र　　　मम　　　पलाशं

tvaṃ　　kulaputra　　mama　　palāśaṃ

体代二单　呼阳名单　　属代一单　业中名单

（你）　　（善男子）　（我）　　（花）

उद्गृह्णीष्व ।

udgṛhṇīṣva ।

√ grah-9 二单（中间语态、命令语气、现在时态）

（接受）

—— 善男子！希望你接受我的花。

（2）表示禁止的命令语气由否定词मा \ mā，मा स्म \ mā sma + 不定过去时或未完成时的缩略形式

例：मा　वोचः ।

mā　vocaḥ ।

固　√vac-2 二单（不定过去时 अवोचत्\avocat 的缩略形式①）

（不）（说）

—— 你不要说！

2. 构成：结合三种语态而有分别

（1）主动语态命令语气：十类动词基本变化 + 主动语态命令语气词尾

	单数	双数	复数
第一人称	-तु\-tu	-अव\-ava	-अम\-ama
第二人称	不加词尾，或-हि\-hi	-तम्\-tam	-त\-ta
第三人称	-अनि\-ani	-ताम्\-tām	-न्तु\-ntu

例：√ बुध्\budh“觉，唤醒”

	单数	双数	复数
第一人称	बोधतु\bodhatu	बोधाव\bodhāva	बोधाम\bodhāma
第二人称	बोध\bodha बोधहि\bodhahi	बोधतम्\bodhatam	बोधत\bodhata
第三人称	बोधानि\bodhāni	बोधताम्\bodhatām	बोधन्तु\bodhantu

（2）中间语态命令语气：十类动词基本变化 + 中间语态命令语气词尾

① 见本书第六部分时态一节。

	单数	双数	复数
第一人称	词干辅音 + ऐ \ai	-अवहै\-avahai	-अमहै\-amahai
第二人称	-स्व\-sva	-इथाम्\-ithām	-ध्वम्\-dhvam
第三人称	-ताम्\-tām	-इताम्\-itām	-न्ताम्\-ntām

例：√ बुध् \ budh “觉，唤醒”。

	单数	双数	复数
第一人称	बोधै\bodhai	बोधावहै\bodhāvahai	बोधामहै\bodhāmahai
第二人称	बोधस्व\bodhasva	बोधेथाम्\bodhethām	बोधध्वम्\bodhadhvam
第三人称	बोधताम्\bodhatām	बोधेताम्\bodhetām	बोधन्ताम्\bodhantām

（3）被动语态语态命令语气：十类动词基本变化 + 被动语态命令语气词尾

	单数	双数	复数
第一人称	-यै\-yai	-यावहै\-yāvahai	-यामहै\-yāmahai
第二人称	-यस्व\-yasva	-येथाम्\-yethām	-यध्वम्\-yadhvam
第三人称	-यताम्\-yatām	-येताम्\-yetām	-यन्ताम्\-yantām

例：√ बुध् \ budh “觉，唤醒”。

	单数	双数	复数
第一人称	बोधयै\bodhayai	बोधयावहै\bodhayāvahai	बोधयामहै\bodhayāmahai
第二人称	बोधयस्व\bodhayasva	बोधयेथाम्\bodhayethām	बोथयध्वम्\bodhayadhvam
第三人称	बोधयताम्\bodhayatām	बोधयेताम्\bodhayetām	बोधयन्ताम्\bodhayantām

3. 第九类动词的构成比较特殊

（1）若词根结尾为元音，则在第二人称单数的主动语态变化中以-नीहि \ -nīhi结尾

例：√ज्ञा \ jñā-9 “知”。

	单数	双数	复数
第一人称	जानानि\jānāni	जानाव\jānāva	जानाम\jānāma
第二人称	जानीहि\jānīhi	जानीतम्\jānītam	जानीत\jānīta
第三人称	जानातु\jānātu	जानीताम्\jānītām	जानन्तु\jānantu

√ज्ञा \ jñā-9，在第九类动词中，此词根属于特殊变化类型，首先将词根ज्ञा \ jñā变为जा \ jā+ना \ nā+词尾。

其他语态则没有特殊情况。

（2）若词根结尾为辅音，则在第二人称单数的主动语态变化中以 -आन \ -āna 结尾

例：√ग्रह् \ grah-9 “抓，夺，理解”。

	单数	双数	复数
第一人称	गृह्णानि\gṛhṇāni	गृह्णाव\gṛhṇāva	गृह्णाम\gṛhṇāma
第二人称	गृहाण\gṛhāṇa	गृह्णीतम्\gṛhṇītam	गृह्णीत\gṛhṇīta
第三人称	गृह्णातु\gṛhṇātu	गृह्णीताम्\gṛhṇītām	गृह्णन्तु\gṛhṇantu

其他语态则没有特殊情况。

（三）祈愿语气

1. 语法作用：主语表达想要、应该、能够等态度。运用于现在时态

例：आत्मग्रहो　　भवेत् ।

ātmagraho　bhavet ।

体阳名单　　√ bhū-1 三单（祈愿语气）

（我执）　　（成）

—— 我执可能生起。

2. 构成：结合三种语态而有分别

（1）对于有词干动词（专指第一、四、六、十类动词）：各自的基本变化词尾

①主动语态、祈愿语气：以上四类动词基本变化 + 词尾

	单数	双数	复数
第一人称	-इयम्\-iyam	-इव\-iva	-इम\-ima
第二人称	-इः\-iḥ	-इतम्\-itam	-इत\-ita
第三人称	-इत्\-it	-इताम्\-itām	-इयुः\-iyuḥ

例：√ बुध् \ budh-1“觉，唤醒”。

	单数	双数	复数
第一人称	बोधेयम्\bodheyam	बोधेव\bodheva	बोधेम\bodhema
第二人称	बोधेः\bodheḥ	बोधेतम्\bodhetam	बोधेत\bodheta
第三人称	बोधेत्\bodhet	बोधेताम्\bodhet ā m	बोधेयुः\bodheyuḥ

②中间语态、祈愿语气：以上四类动词基本变化 + 词尾

	单数	双数	复数
第一人称	-इय\-iya	-इवहि\-ivahi	-इमहि\-imahi
第二人称	-इथाः\-ithāḥ	-इयाथाम्\-iyāthām	-इध्व\-idhva
第三人称	-इत\-ita	-इयाताम्\-iyātām	-इरन्\-iran

例：√ बुध् \ budh-1 "觉，唤醒"。

	单数	双数	复数
第一人称	बोधेय\bodheya	बोधेवहि\bodhevahi	बोधेमहि\bodhemahi
第二人称	बोधेथाः\bodhethāḥ	बोधेयाथाम्\bodheyāthām	बोधेध्व\bodhedhva
第三人称	बोधेत\bodheta	बोधेयाताम्\bodheyātām	बोधेरन्\bodheran

③被动语态、祈愿语气：以上四类动词词根 + 词尾

	单数	双数	复数
第一人称	-येय\-yeya	-येवहि \-yevahi	-येमहि\-yemahi
第二人称	-येथाः\-yethāḥ	-येयाथाम्\-yeyāthām	-येध्व\-yedhva
第三人称	-येत\-yeta	- येयाताम् \-yeyātām	-येरन्\-yeran

注意：被动语态、祈愿语气是在词根后直接加词尾，而不需词根元音重韵变化和词干变化。

例：√ बुध् \ budh-1 "觉，唤醒"。

	单数	双数	复数
第一人称	बुध्येय\budhyeya	बुध्येवहि\budhyevahi	बुध्येमहि\budhyemahi
第二人称	बुध्येथाः\budhyethāḥ	बुध्येयाथाम्\budhyeyāthām	बुध्येध्व\budhyedhva
第三人称	बुध्येत\budhyeta	बुध्येयाताम्\budhyeyātām	बुध्येरन्\budhyeran

（2）对于无词干动词（除去第一、四、六、十类动词）：词根 + 词尾

①主动语态、祈愿语气：以上六类动词基本变化 + 词尾

	单数	双数	复数
第一人称	-याम्\-yām	-याव\-yāva	-याम\-yāma
第二人称	-याः\-yāḥ	-यातम्\-yātam	-यात\-yāta
第三人称	-यात्\-yāt	-याताम्\-yātām	-युः\-yuḥ

例：√हन्\han-2“杀”。

	单数	双数	复数
第一人称	हन्याम्\hanyām	हन्याव\hanyāva	हन्याम\hanyāma
第二人称	हन्याः\hanyāḥ	हन्यातम्\hanyātam	हन्यात\hanyāta
第三人称	हन्यात्\hanyāt	हन्याताम्\hanyātām	हन्युः\hanyuḥ

②中间语态、祈愿语气：以上六类动词基本变化 + 词尾

	单数	双数	复数
第一人称	-ईय\-īya	-ईवहि\-īvahi	-ईमहि\-īmahi
第二人称	-ईथाः\-īthāḥ	-ईयाथाम्\-īyāthām	-ईध्व\-īdhva
第三人称	-ईत\-īta	-ईयाताम्\-īyātām	-ईरन्\-īran

例：√हन्\han-2“杀”。

	单数	双数	复数
第一人称	हनीय\hanīya	हनीवहि\hanīvahi	हनीमहि\hanīmahi
第二人称	हनीथाः\hanīthāḥ	हनीयाथाम्\hanīyāthām	हनीध्व\hanīdhva
第三人称	हनीत\hanīta	हनीयाताम्\hanīyātām	हनीरन्\hanīran

③被动语态、祈愿语气：以上六类动词基本变化词根 + 词尾

	单数	双数	复数
第一人称	-येय\-yeya	-येवहि\-yevahi	-येमहि\-yemahi
第二人称	-येथाः\-yethāḥ	-येयाथाम्\-yeyāthām	-येध्व\-yedhva
第三人称	-येत\-yeta	-येयाताम्\-yeyātām	-येरन्\-yeran

注意：被动语态、祈愿语气的变化与有词干动词的变化是一样的，都是直接在词根后加词尾，而无需词根元音变化和词干变化。

例：√ हन् \ han-2 “杀”。

	单数	双数	复数
第一人称	हन्येय\hanyeya	हन्येवहि\hanyevahi	हन्येमहि\hanyemahi
第二人称	हन्येथाः\hanyethāḥ	हन्येयाथाम्\hanyeyāthām	हन्येध्व\hanyedhva
第三人称	हन्येत\hanyeta	हन्येयाताम्\hanyeyātām	हन्येरन्\hanyeran

（四）未完成时

1. 语法作用：主语在一般过去时中表达叙述的态度[①]

例：सः　　　　बुद्धस्य　　　प्रज्ञापारमिताम्

saḥ　　　　buddhasya　prajñāpāramitām

体阳代三单　属阳名单　　业阴名单

（他）　　　（佛）　　　（智慧）

अभिसमबोधत् ।

abhisamabodhat ।

√ budh-1 三单（主动语态，未完成时）

（直接明了、领会）

—— 他完全领会了佛陀的智慧。

① 未完成时的构成部分使用了现在时态中的动词，因此通常也会被列在现在时时态中，但所表达的语境却是过去时，并且经常与其他形式的过去时合并。

注意：虽然名为“未完成”，但实际表述的意义并不是否定的。

2. 构成：结合语态而有分别

अ \ a+ 十类动词各自的基本变化 + 未完成时词尾。

（1）主动语态、未完成时：अ \ a+ 十类动词各自的基本变化 + 主动语态、未完成时词尾

	单数	双数	复数
第一人称	अ-म् \a-m	अ-अव\a-ava	अ-अम\a-ama
第二人称	अ-स्(:)\a-s(:ḥ)	अ-तम्\a-tam	अ-त\a-ta
第三人称	अ-त्\a-t	अ-ताम्\a-t ā m	अ-न्\a-n

例：√ बुध् \ budh-1 “觉，唤醒”。

	单数	双数	复数
第一人称	अबोधम्\abodham	अबोधाव\abodhāva	अबोधाम\abodhāma
第二人称	अबोधस्\abodhas अबोधः\abodhaḥ	अबोधतम्\abodhatam	अबोधत\abodhata
第三人称	अबोधत्\abodhat	अबोधताम्\abodhat ā m	अबोधन्\abodhan

（2）中间语态、未完成时：अ \ a+ 十类动词各自的基本变化 + 中间语态、未完成时词尾

	单数	双数	复数
第一人称	अ-इ\a-i	अ-अवहि\a-avahi	अ-अमहि\a-amahi
第二人称	अ-थास्(:)\a-thās(:ḥ)	अ-इथाम्\a-ithām	अ-ध्वम्\a-dhvam
第三人称	अ-त\a-ta	अ-इताम्\a-itām	अ-न्त\a-nta

例：√ बुध् \ budh-1 “觉，唤醒”。

	单数	双数	复数
第一人称	अबोधे\abodhe	अबोधावहि\abodhāvahi	अबोधामहि\abodhāmahi
第二人称	अबोधथास्\abodhathās अबोधथाः\abodhathāḥ	अबोधेथाम्\abodhethām	अबोधध्वम्\abodhadhvam
第三人称	अबोधत\abodhata	अबोधेताम्\abodhetām	अबोधन्त\abodhanta

三　时态

表示在不同时间条件下所发生的行为、动作和状态。

（一）现在时

1. 语法作用：表示正在进行的行为、动作，或习惯性、规律性的状态

例：	धर्मचक्रं	सत्त्वांस्	त्रिभिर्	यानैः
	dharmacakraṃ	sattvāṃs	tribhir	yānaiḥ
	体中名单	业阳名复	数	具中名单
	（法轮）	（有情）	（三）	（乘）

परिनिर्वापयति ।

parinirvāpayati ।

√vā-2 三单（主动语态、陈述语气、现在时、使役动词）

（灭度）

—— 法轮通过三乘而使诸有情灭度。

2. 构成：十类动词的基本变化 + 现在时词尾

此类构成同于语态的构成，例如，以√भू \ bhū-1所形成的词भवति \ bhavati，我们可以说它所包含的五项元素是：主动语态、陈述语气、现在时、第三人称、单数。如果形成भवते \ bhavate，则包含：中间语态、陈述语气、现在时、第三人称、单数。如果形成भवयताम् \ bhavayatām，则包含：被动语态、命令语气、现在时、第三人称、单数。

（二）完成时

1.语法作用

从严格的语法学意义上来说，完成时表示叙述者不在场的过去的动作、行为或状态，因此最常见的形式是第三人称，第二人称和第一人称比较少见。但是在一些情况下，完成时也含有现在时的意义。如：√भक्ष् \ bhakṣ-10：（他）吃或（他）吃过。

例：

ददर्श	बुद्धः
dadarśa	buddhaḥ
√dṛś-1 三单（主动语态、陈述语气、完成时）	体阳名单
（见）	（佛）

बोधिसत्त्वं	दूरत	एव ।
bodhisattvaṃ	dūrata	eva ।
业阳名单	副词	固
（菩萨）	（远）	（非常）

—— 佛陀从很远就见到了菩萨。

2. 构成[①]

（1）以非अ \ a、ऐ \ ai、ओ \ o、औ \ au结尾的词根：第一节词根重复 + 词根 + 完成时词尾

①主动语态、陈述语气、完成时：第一节词根重复 + 词根 + 主动语态、陈述语气、完成时词尾[②]

	单数	双数	复数
第一人称	词根重复+重韵变化+अ\a	-（इ\i）व\va	-（इ\i）म\ma
第二人称	词根重复+重韵变化+（इ\i）थ\tha	-अथुः\athuḥ	-अ\a
第三人称	词根重复+重韵变化+अ\a	-अतुः\atuḥ	-उः\uḥ

例：√तुद् \ tud-6 "打击，碰撞"。

	单数	双数	复数
第一人称	तुतोद\tutoda	तुतुदिव\tutudiva	तुतुदिम\tutudima
第二人称	तुतोदिथ\tutoditha	तुतुदथुः\tutudathuḥ	तुतुद\tutuda
第三人称	तुतोद\tutoda	तुतुदतुः\tutudatuḥ	तुतुदुः\tutuduḥ

词根的第一节重复：तु \ tu+तुद् \ tud → तु \ tu+तोद् \ tod（词根元音的重韵变化）+ 词尾。

②中间语态、陈述语气、完成时：第一节词根重复 + 词根 + 中间语态、陈述语气、完成时词尾

	单数	双数	复数
第一人称	-ए\-e	-（इ\i）वहे\-vahe	-（इ\i）महे\-mahe
第二人称	-（इ\i）षे\-ṣe	-आथे\-āthe	-（इ\i）ध्वे\-dhve
第三人称	-ए\e	-आते\-āte	-इरे\-ire

① 在四个语气中，命令语气和祈愿语气必须用于现在时，未完成时也通常被列入现在时态。所以以完成时形式出现时，都是陈述语气。

② 词根重韵变化只限主动语态、陈述语气、完成时单数。

例：√ तुद् \ tud-6 “打击，碰撞”。

	单数	双数	复数
第一人称	तुतुदे\tutude	तुतुदिवहे\tutudivahe	तुतुदिमहे\tutudimahe
第二人称	तुतुदिषे\tutudiṣe	तुतुदाथे\tutudāthe	तुतुदिध्वे\tutudidhve
第三人称	तुतुदे\tutude	तुतुदाते\tutudāte	तुतुदिरे\tutudire

③被动语态、陈述语气、完成时：第一节词根重复 + 词根 + 被动语态、陈述语气、完成时词尾

	单数	双数	复数
第一人称	-यै\-yai	-यवहे\-yavahe -येवहे\-yevahe	-यमहे\-yamahe -येमहे\-yemahe
第二人称	-यषे\-yaṣe -येषे\-yeṣe	-याथे\-yāthe	-यध्वे\-yadhve -येध्वे\-yedhve
第三人称	-यै\-yai	-याते\-yāte	-येरे\-yere

例：√ तुद् \ tud-6 “打击，碰撞”。

	单数	双数	复数
第一人称	तुतुद्यै\tutudyai	तुतुद्यवहे\tutudyavahe	तुतुद्यमहे\tutudyamahe
第二人称	तुतुद्यषे\tutudyaṣe	तुतुद्याथे\tutudyāthe	तुतुद्यध्वे\tutudyadhve
第三人称	तुतुद्यै\tutudyai	तुतुद्याते\tutudyāte	तुतुद्येरे\tutudyere

（2）以 अ \ a、ऐ \ ai、ओ \ o、औ \ au 结尾的词根：第一节词根重复 + 词根 + 完成时词尾

①主动语态、陈述语气、完成时：第一节词根重复 + 词根 + 主动语态、陈述语气、完成时词尾

	单数	双数	复数
第一人称	-औ\-au	-（इ\i）व\-va	-（इ\i）म\-ma
第二人称	-आथे\-āthe	-अथुः\-athuḥ	-अ\-a
第三人称	-औ\-au	-अतुः\-atuḥ	-उः\-uḥ

例：√दा \ dā-3 "给"。

	单数	双数	复数
第一人称	ददौ\dadau	ददिव\dadiva	ददिम\dadima
第二人称	ददाथ\dadātha	ददथुः\dadathuḥ	दद\dada
第三人称	ददौ\dadau	ददतुः\dadatuḥ	ददुः\daduḥ

②中间语态、陈述语气、完成时：第一节词根重复 + 词根 + 中间语态、陈述语气、完成时词尾

	单数	双数	复数
第一人称	-ए\-e	-（इ\i）वहे\-vahe	-（इ\i）महे\-mahe
第二人称	-（इ\i）षे\-ṣe	-आथे\-āthe	-（इ\i）ध्वे\-dhve
第三人称	-ए\-e	-आते\-āte	-इरे\-ire

注：此变化同于以非 अ \ a、ऐ \ ai、ओ \ o、औ \ au 结尾的词根的中间语态、陈述语气、完成时的基本构成形式。

例：√दा \ dā-3 "给"。

	单数	双数	复数
第一人称	ददे\dade	ददिवहे\dadivahe	ददिमहे\dadimahe
第二人称	ददिषे\dadiṣe	ददाथे\dadāthe	ददिध्वे\dadidhve
第三人称	ददे\dade	ददाते\dadāte	ददिरे\dadire

③被动语态、陈述语气、完成时：第一节词根重复 + 词根 + 被动语态、陈述语气、完成时词尾

被动语态、陈述语气、完成时：第一节词根重复+词根+被动语态、陈述语气、完成时词尾	单数	双数	复数
第一人称	-ये \ -ye	-यिवहे\-yivahe -येवहे\-yevahe	-यिमहे\-yimahe -येमहे \-yemahe
第二人称	-यिषे\-yiṣe -येषे\-yeṣe	-याथे \ -yāthe	-यिध्वे\-yidhve -येध्वे\-yedhve
第三人称	-ये \ -ye	-याते \ -yāte	-यिरे \ -yire

此变化同于以非 अ \ a、ऐ \ ai、ओ \ o、औ \ au 结尾的词根的被动语态、陈述语气、完成时的基本构成形式。

例：√ दा \ dā-3 “给”。

	单数	双数	复数
第一人称	ददायै \ dadāyai	ददायवहे \ dadāyavahe	ददायमहे \ dadāyamahe
第二人称	ददायषे \ dadāyaṣe	ददायाथे \ dadāyāthe	ददायध्वे \ dadāyadhve
第三人称	ददायै \ dadāyai	ददायाते \ dadāyāte	ददायेरे \ dadāyere

（3）一些特殊变化

①√ भू \ bhū-1 “是，有，在”

A. 主动语态、陈述语气、完成时

	单数	双数	复数
第一人称	बभूव\babhūva	बभूविव\babhūviva	बभूविम\babhūvima
第二人称	बभूविथ\babhūvitha	बभूवथुः\babhūvathuḥ	बभूव\babhūva
第三人称	बभूव\babhūva	बभूवतुः\babhūvatuḥ	बभूवुः\babhūvuḥ

B. 中间语态、陈述语气、完成时

	单数	双数	复数
第一人称	बभूवे\babhūve	बभूविवहे\babhūvivahe	बभूविमहे\babhūvimahe
第二人称	बभूविषे\babhūviṣe	बभूवाथे\babhūvāthe	बभूविध्वे\babhūvidhve
第三人称	बभूवे\babhūve	बभूवाते\babhūvāte	बभूविरे\babhūvire

③√वच् \ vac-2 “说”

A. 主动语态、陈述语气、完成时

	单数	双数	复数
第一人称	उवाच\uvāca उवच\uvaca	ऊचिव\ūciva	ऊचिम\ūcima
第二人称	उवचिथ\uvacitha उवक्थ\uvaktha	ऊचथु\ūcathuḥ	ऊच\ūca
第三人称	उवाच\uvāca	ऊचतु\ūcatuḥ	ऊचु\ūcuḥ

B. 中间语态、陈述语气、完成时

	单数	双数	复数
第一人称	ऊचे\ūce	ऊचिवहे\ūcivahe	ऊचिमहे\ūcimahe
第二人称	ऊचिषे\ūciṣe	ऊचाथे\ūcāthe	ऊचिध्वे\ūcidhve
第三人称	ऊचे\ūce	ऊचाते\ūcāte	ऊचिरे\ūcire

④√अह् \ ah-1 “说”

主动语态、陈述语气、完成时

	单数	双数	复数
第一人称			
第二人称	आत्थ\āttha	आहथुः\āhathuḥ	
第三人称	आह\āha	आहतुः\āhatuḥ	आहुः\āhuḥ

注意：此词根只出现在完成时里，未完成时和不定过去时都没有，并且只有在第三人称和第二人称单数和双数的主动语态中出现。

⑤√विद् \ vid-2 “知道”

主动语态、陈述语气、完成时

	单数	双数	复数
第一人称	वेद\veda	विद्व\vidva	विद्म\vidma
第二人称	वेत्थ\vettha	विदथुः\vidathuḥ	विद\vida
第三人称	वेद\veda	विदतुः\vidatuḥ	विदुः\viduḥ

注意：此词根的完成时只出现在主动语态中，也可以用以表示现在时。

3. 重复规律：词根的第一个辅音和元音重复

（1）送气音变为非送气音：√ धा \ dhā-3 → दधा \ dadhā “放，任持”

（2）长元音变为短元音：√ दा \ dā-3 → ददा \ dadā “给”

（3）喉音变为腭音：√घृ \ ghṛ-3→जिघर् \ jighar “洗”

（4）ह् h变为ज् j：√हा \ hā-3→जहा \ jahā “弃舍，灭除”

（5）齿音+破裂音时，破裂音重复：√स्था \ sthā-1→तिष्ठ \ tiṣṭha “站，住”

（6）在现在时词干中，ऋ\ṛ变为इ\i：√भृ\bhṛ-3→बिभर्ति\bibharti “忍受”

（7）在完成时词干中，ऋ \ ṛ变为अ \ a：√कृ \ kṛ-8→चकृ \ cakṛ “做”

（三）不定过去时

1. 语法作用：用以表示过去不久前发生的，但是却与现在有关系的动作。但是具体运用中通常可以与其他过去时态互换[①]

① 未完成时通常被视为现在时态中的不定过去时。

例：सुभूतिर् अञ्जलिं प्रणम्य भगवन्तम्

subhūtir añjaliṃ praṇamya bhagavantam

体阳名单 业阳名单 √nam-1，动名词 业阳名单

（须菩提）（合掌）（弯腰）（世尊）

एतद् अवोचत् ।

etad avocat ।

固 √vac-2 三单（主动语态，陈述语气，不定过去时）

（如此）（说）

—— 须菩提弯腰合掌对世尊这样说。

2. 构成

与未完成时有相同的一处，即当词根变化为词干时，要在前面加一个前缀 अ- \ a-。

（1）根不定过去时：仅仅用于主动语态中以 आ ā 结尾的词根，或被当作以 आ \ ā 结尾的词根，如√छो \ cho-4“砍掉”、√भू \ bhū-1“有、是、在”等

主动语态：अ \ a+ 词根 + 主动语态、陈述语气、不定过去时词尾。

	单数	双数	复数
第一人称	अ\a-म्\m	अ\a-व\va	अ\a-म\ma
第二人称	अ\a-:\ḥ	अ\a-तम्\tam	अ\a-त\ta
第三人称	आ\a-त्\t	अ\a-ताम्\tām	अ\a-(去掉आ\ā)-उः\uḥ

例：√दा \ dā-3“给”。

	单数	双数	复数
第一人称	अदाम्\adām	अदाव\adāva	अदाम\adāma
第二人称	अदाः\adāḥ	अदातम्\adātam	अदात\adāta
第三人称	अदात्\adāt	अदाताम्\adātām	अदुः\aduḥ

√ भू \ bhū-1 “有、是、在”：特殊变化

	单数	双数	复数
第一人称	अभूवम्\abhūvam	अभूव\abhūva	अभूम\abhūma
第二人称	अभूः\abhūḥ	अभूतम्\abhūtam	अभूत\abhūta
第三人称	अभूत्\abhūt	अभूताम्\abhūtām	अभूवन्\abhūvan

（2）अ- \ a- 不定过去时：主要运用于主动语态和中间语态

①主动语态：अ \ a+ 词根 +अ \ a+ 主动语态、陈述语气、不定过去时词尾

	单数	双数	复数
第一人称	अ\a-अम्\am	अ\a-आव\āva	अ\a-आम\āma
第二人称	अ\a-अः\aḥ	अ\a-अतम्\atam	अ\a-अत\ata
第三人称	अ\a-अत्\at	अ\a-अताम्\atām	अ\a-अन्\an

例：√ वच् \ vac-2 “说”。

	单数	双数	复数
第一人称	अवोचम्\avocam	अवोचाव\avocāva	अवोचाम\avocāma
第二人称	अवोचः\avocaḥ	अवोचतम्\avocatam	अवोचत\avocata
第三人称	अवोचत्\avocat	अवोचताम्\avocatām	अवोचन्\avocan

②中间语态：अ \ a+ 词根 +अ \ a+ 中间语态、陈述语气、不定过去时词尾

	单数	双数	复数
第一人称	अ\a-ए\e	अ\a-आवहि\āvahi	अ\a-आमहि\āmahi
第二人称	अ\a-अथाः\athāḥ	अ\a-एथाम्\ethām	अ\a-अध्वम्\adhvam
第三人称	अ\a-अत\ata	अ\a-एताम्\etām	अ\a-अन्त\anta

例：√ वच् \ vac-2 “说”。

	单数	双数	复数
第一人称	अवोचे\avoce	अवोचावहि\avocāvahi	अवोचामहि\avocāmahi
第二人称	अवोचथाः\avocathāḥ	अवोचेथाम्\avocethām	अवोचध्वम्\avocadhvam
第三人称	अवोचत\avocata	अवोचेताम्\avocetām	अवोचन्त\avocanta

（3）几个特殊的构成

①√ मुच् \ muc-6 “释放”

A. 主动语态

	单数	双数	复数
第一人称	अमूमुचम्\amūmucam	अमूमुचाव\amūmucāva	अमूमुचम\amūmucama
第二人称	अमूमुचः\amūmucaḥ	अमूमुचतम्\amūmucatam	अमूमुचत\amūmucata
第三人称	अमूमुचत्\amūmucat	अमूमुचताम्\amūmucatām	अमूमुचन्\amūmucan

B. 中间语态

	单数	双数	复数
第一人称	अमूमुचे\amūmuce	अमूमुचावहि\amūmucāvahi	अमूमुचामहि\amūmucāmahi
第二人称	अमूमुचथाः\amūmucathāḥ	अमूमुचेथाम्\amūmucethām	अमूमुचध्वम्\amūmucadhvam
第三人称	अमूमुचत\amūmucata	अमूमुचेताम्\amūmucetām	अमूमुचन्त\amūmucanta

②√ नी \ nī-1 “领导，导致”

A. 主动语态

	单数	双数	复数
第一人称	अनैषम्\anaiṣam	अनैष्व\anaiṣva	अनैष्म\anaiṣma
第二人称	अनैषीः\anaiṣīḥ	अनैष्टम्\anaiṣṭam	अनैष्ट\anaiṣṭa
第三人称	अनैषीत्\anaiṣīt	अनैष्टाम्\anaiṣṭām	अनैषुः\anaiṣuḥ

B. 中间语态

	单数	双数	复数
第一人称	अनेषि\aneṣi	अनेष्वहि\aneṣvahi	अनेष्महि\aneṣmahi
第二人称	अनेष्ठाः\aneṣṭhāḥ	अनेषाथाम्\aneṣāthām	अनेढ्वम्\aneḍhvam
第三人称	अनेष्ट\aneṣṭa	अनेषाताम्\aneṣātām	अनेषत\aneṣata

③√कृ \ kṛ-8 “做”

A. 主动语态

	单数	双数	复数
第一人称	अकर्षम्\akārṣam	अकार्ष्व\akārṣva	अकार्ष्म\akārṣma
第二人称	अकार्षीः\akārṣīḥ	अकार्ष्टम्\akārṣṭam	अकार्ष्ट\akārṣṭa
第三人称	अकार्षीत्\akārṣīt	अकार्ष्टाम्\akārṣṭām	अकार्षुः\akārṣuḥ

B.中间语态

	单数	双数	复数
第一人称	अकृषि\akṛṣi	अकृष्वहि\akṛṣvahi	अकृष्महि\akṛṣmahi
第二人称	अकृथाः\akṛthāḥ	अकृषाथाम्\akṛṣāthām	अकृढ्वम्\akṛḍhvam
第三人称	अकृत\akṛta	अकृषाताम्\akṛṣātām	अकृषत\akṛṣata

④√पू \ pū-9 “净化”

A.主动语态

	单数	双数	复数
第一人称	अपाविषम्\apāviṣam	अपाविष्व\apāviṣva	अपाविष्म\apāviṣma
第二人称	अपावीः\apāvīḥ	अपाविष्टम्\apāviṣṭam	अपाविष्ट\apāviṣṭa
第三人称	अपावीत्\apāvīt	अपाविष्टाम्\apāviṣṭām	अपाविषुः\apāviṣuḥ

B. 中间语态

	单数	双数	复数
第一人称	अपविषि\apaviṣi	अपविष्वहि\apaviṣvahi	अपविष्महि\apaviṣmahi
第二人称	अपविष्ठाः\apaviṣṭhāḥ	अपविषाथाम्\apaviṣāthām	अपविढ्वम्\apaviḍhvam
第三人称	अपविष्ट\apaviṣṭa	अपविषाताम्\apaviṣātām	अपविषत\apaviṣata

⑤√बुध्\ budh-1 “觉”

A. 主动语态

	单数	双数	复数
第一人称	अबोधिषम्\abodhiṣam	अबोधिष्व\abodhiṣva	अबोधिष्म\abodhiṣma
第二人称	अबोधीः\abodhīḥ	अबोधिष्टम्\abodhiṣṭam	अबोधिष्ट\abodhiṣṭa
第三人称	अबोधीत्\abodhīt	अबोधिष्टाम्\abodhiṣṭām	अबोधिषुः\abodhiṣuḥ

B. 中间语态

	单数	双数	复数
第一人称	अबोधिषि\abodhiṣi	अबोधिष्वहि\abodhiṣvahi	अबोधिष्महि\abodhiṣmahi
第二人称	अबोधिष्ठाः\abodhiṣṭhāḥ	अबोधिषाथाम्\abodhiṣāthām	अबोधिढ्वम्\abodhiḍhvam
第三人称	अबोधिष्ट\abodhiṣṭa	अबोधिषाताम्\abodhiṣātām	अबोधिषत\abodhiṣata

⑥√दिश्\ diś-6 “指出”

A. 主动语态

	单数	双数	复数
第一人称	अदिक्षम्\adikṣam	अदिक्षाव\adikṣāva	अदिक्षाम\adikṣāma
第二人称	अदिक्षः\adikṣaḥ	अदिक्षतम्\adikṣatam	अदिक्षत\adikṣata
第三人称	अकिक्षत्\akikṣat	अदिक्षताम्\adikṣatām	अदिक्षन्\adikṣan

B. 中间语态

	单数	双数	复数
第一人称	अदिक्षि\adikṣi	अदिक्षावहि\adikṣāvahi	अदिक्षामहि\adikṣāmahi
第二人称	अदिक्षथाः\adikṣathāḥ	अदिक्षाथाम्\adikṣāthām	अदिक्षध्वम्\adikṣadhvam
第三人称	अदिक्षत\adikṣata	अदिक्षाताम्\adikṣātām	अदिक्षन्त\adikṣanta

3. 不定过去时的被动语态形式同于中间语态形式，但是也会有一种特殊情况，没有规则的变化。但此种情况出现得非常少，而且仅仅出现在第三人称单数中。

例：√कृ \ kṛ-8 → अकारि \ akāri “被做”

√ज्ञा \ jñā-9 → अज्णायि \ ajṇāyi “被知，被理解”

√दिश् \ diś-6 → अदेशि \ adeśi “被指出”

（四）将来时

1. 语法作用：表示将要发生的动作、行为等

例：स	प्रज्ञापारमितया	समन्वागतो
sa	prajñāpāramitayā	samanvāgato
体阳代三单	具阴名单	√ rah-1，过去被动分词
（他）	（般若波罗蜜）	（成就）

भविष्यति ।

bhaviṣyati ।

√ bhū-1 三单（主动语态、陈述语气将来时）

（有，是）

—— 他将通过般若波罗蜜而有成就。

2.构成：词根+इष्य\iṣya或+स्य\sya+词尾

（1）主动语态：词根+इष्य\iṣya或+स्य\sya+主动语态词尾

	单数	双数	复数
第一人称	-इष्यामि\-iṣyāmi -स्यामि\-syāmi	-इष्यावः\-iṣyāvaḥ -स्यावः\-syāvaḥ	-इष्यामः\-iṣyāmaḥ -स्यामः\-syāmaḥ
第二人称	-इष्यसि\-iṣyasi -स्यसि\-syasi	-इष्यथः\-iṣyathaḥ -स्यथः\-syathaḥ	-इष्यथ\-iṣyatha -स्यथ\-syatha
第三人称	-इष्यति\-iṣyati -स्यति\-syati	-इष्यतः\-iṣyataḥ -स्यतः\-syataḥ	-इष्यन्ति\-iṣyanti -स्यन्ति\-syanti

（2）中间语态：词根+इष्य\iṣya或+स्य\sya+中间语态词尾

	单数	双数	复数
第一人称	-इष्ये\-iṣye -स्ये\-sye	-इष्यवहे\-iṣyavahe -स्यावहे\-sy ā vahe	-इष्ये\-iṣye -स्ये\-sye
第二人称	-इष्यसे\-iṣyase -स्यसे\-syase	-इष्येथे\-iṣyethe -स्येथे\-syethe	-इष्यन्से\-iṣyanse -स्यसे\-syase
第三人称	-इष्यते\-iṣyate -स्यते\-syate	-इष्येते\-iṣyete -स्येते\-syete	-इष्यन्ते\-iṣyante -स्यन्ते\-syante

（3）被动语态：与中间语态相同

①以辅音结尾的词根和以元音ऋ \ ṛ结尾的词根，做各自基本变化+ इष्य \ iṣya+主动语态或中间语态词尾

例：√ बुध् \ budh-1 “觉，唤醒”。

A. 主动语态

	单数	双数	复数
第一人称	बोधिष्यामि\bodhiṣyāmi	बोधिष्यावः\bodhiṣyāvaḥ	बोधिष्यामः\bodhiṣyāmaḥ
第二人称	बोधिष्यसि\bodhiṣyasi	बोधिष्यथः\bodhiṣyathaḥ	बोधिष्यथ\bodhiṣyatha
第三人称	बोधिष्यति\bodhiṣyati	बोधिष्यतः\bodhiṣyataḥ	बोधिष्यन्ति\bodhiṣyanti

B. 中间语态

	单数	双数	复数
第一人称	बोधिष्ये\bodhiṣye	बोधिष्यावहे\bodhiṣyāvahe	बोधिष्यामहे\bodhiṣyāmahe
第二人称	बोधिष्यसे\bodhiṣyase	बोधिष्येथे\bodhiṣyethe	बोधिष्यध्वे\bodhiṣyadhve
第三人称	बोधिष्यते\bodhiṣyate	बोधिष्येते\bodhiṣyete	बोधिष्यन्ते\bodhiṣyante

②以元音结尾的词根做各自基本变化+ स्य \ sya+主动语态或中间语态词尾

例：√नी \ nī-1 “领导，导致”。

A. 主动语态

	单数	双数	复数
第一人称	नेष्यामि\neṣyāmi	नेष्यावः\neṣyāvaḥ	नेष्यामः\neṣyāmaḥ
第二人称	नेष्यसि\neṣyasi	नेष्यथः\neṣyathaḥ	नेष्यथ\neṣyatha
第三人称	नेष्यति\neṣyati	नेष्यतः\neṣyataḥ	नेष्यन्ति\neṣyanti

B. 中间语态

	单数	双数	复数
第一人称	नेष्ये\neṣye	नेष्यावहे\neṣyāvahe	नेष्यामहे\neṣyāmahe
第二人称	नेष्यसे\neṣyase	नेष्येथे\neṣyethe	नेष्यध्वे\neṣyadhve
第三人称	नेष्यते\neṣyate	नेष्येते\neṣyete	नेष्यन्ते\neṣyante

（4）有一些特殊构成变化，即在第一种变化中，却没有插入“इ \ i”于词干中的，最后的软辅音要变为相应的硬辅音，后加-स् -s。若以ह् \ h结尾则要将ह् \ h变为क्ष्य \ kṣya；以ग् \ g、द् \ d、ब् \ b、ड् \ ḍ结尾的非送气音变为送气音

例：√दह् \ dah -1 “燃烧”→धक्ष्यति \ dhakṣyati（द् \ d→ध् \ dh，ह् \ h→क्ष्य \ kṣya）。

√लभ् \ labh -1 “得”→लप्स्यति \ lapsyati（भ् bh→प् p）。

（5）有些动词会有两个将来时态形式：分别+इष्य \ iṣya或+स्य\sya

例：√बुध् \ budh -1 “觉，唤醒”→बोधिष्यति/भोत्स्यते \ bodhiṣyati/bhotsyate。

（五）迂回将来时

1. 语法作用：用以表示在不定过去时中的一个未来的动作，且此动作与现在有一种相连续的关系。在具体使用中常常会与一个表示时间的副词一起出现。迂回将来时一般只用于主动语态。

例：	कर्तास्मि	सर्वं	भगवन्	वचः
	kartāsmi	sarvaṃ	bhagavan	vacaḥ
	√kṛ-8 一单 迂回将来时	业中代三单	呼阳名单	业中名单
	（做）	（所有）	（世尊）	（说）

तथा	यथा	ज्ञापयसि ｜
tathā	yathā	jñāpayasi ｜
固	固	√jñā-9 二单，使役
（这样）	（如）	（知）

——世尊！我会按照您教导的所有语言去做。

2. 构成

迂回来时有其特殊的形式，即由词根辅音+ अन्त \ ant+现在时的助动词√अस् \ as+现在时词尾。

主动语态：

	单数	双数	复数
第一人称	词根辅音 +अन्ता\antā+ अस्मि\asmi	词根辅音 +अन्ता\antā+अस्वः\asvaḥ	词根辅音 +अन्ता\antā+अस्मः\asmaḥ
第二人称	词根辅音 +अन्ता\antā+असि\asi	词根辅音 +अन्ता\antā+अस्थः\asthaḥ	词根辅音 +अन्ता\antā+अस्थ\astha
第三人称	词根辅音 +अन्ता\antā	词根辅音 +अन्ता\antā+अरौ\arau	词根辅音 +अन्ता\antā+अरः\araḥ

例：√गम् \ gam -1 "去"。

	单数	双数	复数
第一人称	गन्तास्मि\gantāsmi	गन्तास्वः\gantāsvaḥ	गन्तास्मः\gantāsmaḥ
第二人称	गन्ता\gantā	गन्तास्थः\gantāsthaḥ	गन्तास्थ\gantāstha
第三人称	गन्ता\gantā	गन्तारौ\gantārau	गन्तारः\gantāraḥ

（六）假定时

1. 语法作用：又被称为条件时态，用以表示过去未曾发生，或不可能发生的事情

例：

अनागतं	चेद्	रूपं	न
anāgatam	ced	rūpam	na
√ gam -1，过去被动分词	固	体中名单	固
（未来）	（如果）	（色，事）	（不）

अभविष्यत्	श्रुतवानार्यश्रावको
abhaviṣyat	śrutavān-āryaśrāvako
√ bhū-1 三单，假定时	体阳名单
（存在）	（多闻圣弟子）

अनागतं	रूपं	न
anāgatam	rūpam	na
√ gam -1，过去被动分词	业中名单	固
（未来）	（色，事）	（不）

अभ्यनन्दिष्यत्।

abhyanandiṣyat।

√ nand -1 三单，假定时

（高兴）

—— 如果未来的事情不存在，多闻圣弟子就不会不高兴未来的事情。

2. 构成：अ \ a+ 动词的将来时词干 + 动词的未完成时词尾

（1）主动语态

	单数	双数	复数
第一人称	अ-इष्य\a-iṣya स्य-म्\sya-m	अ-इष्य\a-iṣya स्य-अव\sya-ava	अ-इष्य\a-iṣya स्य-अम\sya-ama
第二人称	अ-इष्य\a-iṣya स्य-स्(:)\sya-s(ḥ)	अ-इष्य\a-iṣya स्य-तम्\sya-tam	अ-इष्य\a-iṣya स्य-त\sya-ta
第三人称	अ-इष्य\a-iṣya स्य-त्\sya-t	अ-इष्य\a-iṣya स्य-ताम्\sya-tām	अ-इष्य\a-iṣya स्य-न्\sya-n

例：√ भू \ bhū-1 “有，是，在”。

	单数	双数	复数
第一人称	अभविष्यम्\abhaviṣyam	अभविष्याव\abhaviṣyāva	अभविष्याम्\abhaviṣyām
第二人称	अभविष्यस्(:)\abhaviṣyas(ḥ)	अभविष्यतम्\abhaviṣyatam	अभविष्यत\abhaviṣyata
第三人称	अभविष्यत्\abhaviṣyat	अभविष्यताम्\abhaviṣyatām	अभविष्यन्\abhaviṣyan

（2）中间语态

	单数	双数	复数
第一人称	अ-इष्य\a-iṣya स्य-इ\sya-i	अ-इष्य\a-iṣya स्य-अवहि\sya-avahi	अ-इष्य\a-iṣya स्य-अमहि\sya-amahi
第二人称	अ-इष्य\a-iṣya स्य-थास्(:)\sya-thās(ḥ)	अ-इष्य\a-iṣya स्य-इथाम्\sya-ithām	अ-इष्य\a-iṣya स्य-ध्वम्\sya-dhvam
第三人称	अ-इष्य\a-iṣya स्य-त\sya-ta	अ-इष्य\a-iṣya स्य-इताम्\sya-itām	अ-इष्य\a-iṣya स्य-न्त\sya-nta

例：√ भू \ bhū-1 “有，是，在”。

	单数	双数	复数
第一人称	अभविष्यै abhaviṣyai	अभविष्यावहि abhaviṣyāvahi	अभविष्यामहि abhaviṣyāmahi
第二人称	अभविष्यथास्(:) abhaviṣyathās(ḥ)	अभविष्येथाम् abhaviṣyethām	अभविष्यध्वम् abhaviṣyadhvam
第三人称	अभविष्यत abhaviṣyata	अभविष्येताम् abhaviṣyetām	अभविष्यन्त abhaviṣyanta

（3）被动语态

	单数	双数	复数
第一人称	अ-इष्य\a-iṣya स्य-ये\sya-ye	अ-इष्य\a-iṣya स्य-यावहि\sya-yāvahi	अ-इष्य\a-iṣya स्य-यामहि\sya-yāmahi
第二人称	अ-इष्य\a-iṣya स्य-यथाः\sya-yathāḥ	अ-इष्य\a-iṣya स्य-येथाम् \sya-yethām	अ-इष्य\a-iṣya स्य-यध्वम्\sya-yadhvam
第三人称	अ-इष्य\a-iṣya स्य-यत\sya-yata	अ-इष्य\a-iṣya स्य-येताम्\sya-yetām	अ-इष्य\a-iṣya स्य-यन्त\sya-yanta

例：√ भू bhū-1 “有，是，在”。

	单数	双数	复数
第一人称	अभविष्यये abhaviṣyaye	अभविष्यावहि abhaviṣyayāvahi	अभविष्यामहि abhaviṣyayāmahi
第二人称	अभविष्ययथाः abhaviṣyayathāḥ	अभविष्ययेथाम् abhaviṣyayethām	अभविष्ययध्वम् abhaviṣyayadhvam
第三人称	अभविष्ययत abhaviṣyayata	अभविष्ययेताम् abhaviṣyayetām	अभविष्ययन्त abhaviṣyayanta

附 录

表 1 辅音表

天城	喉音	क	ख	ग	घ	ङ	ह	
罗马		ka	kha	ga	gha	ṅa	ha（气音）	
天城	腭音	च	छ	ज	झ	ञ	य	श
罗马		ca	cha	ja	jha	ña	ya	śa
天城	卷舌音	ट	ठ	ड	ढ	ण	र	ष
罗马		ṭa	ṭha	ḍa	ḍha	ṇa	ra	ṣa
天城	齿音	त	थ	द	ध	न	ल	स
罗马		ta	tha	da	dha	na	la	sa
天城	唇音	प	फ	ब	भ	म	व	
罗马		pa	pha	ba	bha	ma	va	
		硬辅音	硬辅音	软辅音	软辅音	软辅音	软辅音	硬辅音
		不送气音	送气音	不送气音	送气音	不送气音	不送气音	送气音
		清辅音	清辅音	浊辅音	浊辅音	浊辅音	浊辅音	清辅音
		破裂音	破裂音	破裂音	破裂音	鼻音	半元音	咝音

表2 辅音+元音拼写表

	अ \ a	आ \ ā	इ \ i	ई \ ī	उ \ u	ऊ \ ū	ऋ \ ṛ	ॠ \ ṝ	ऌ \ ḷ	ए \ e	ऐ \ ai	ओ \ o	औ \ au
क् \ k	क	का	कि	की	कु	कू	कृ	कॄ	कॢ	के	कै	को	कौ
ख् \ kh	ख	खा	खि	खी	खु	खू	खृ	खॄ	खॢ	खे	खै	खो	खौ
ग् \ g	ग	गा	गि	गी	गु	गू	गृ	गॄ	गॢ	गे	गै	गो	गौ
घ् \ gh	घ	घा	घि	घी	घु	घू	घृ	घॄ	घॢ	घे	घै	घो	घौ
ङ् \ ṅ	ङ	ङा	ङि	ङी	ङु	ङू	ङृ	ङॄ	ङॢ	ङे	ङै	ङो	ङौ
च् \ c	च	चा	चि	ची	चु	चू	चृ	चॄ	चॢ	चे	चै	चो	चौ
छ् \ ch	छ	छा	छि	छी	छु	छू	छृ	छॄ	छॢ	छे	छै	छो	छौ
ज् \ j	ज	जा	जि	जी	जु	जू	जृ	जॄ	जॢ	जे	जै	जो	जौ
झ् \ jh	झ	झा	झि	झी	झु	झू	झृ	झॄ	झॢ	झे	झै	झो	झौ
ञ् \ ñ	ञ	ञा	ञि	ञी	ञु	ञू	ञृ	ञॄ	ञॢ	ञे	ञै	ञो	ञौ
ट् \ ṭ	ट	टा	टि	टी	टु	टू	टृ	टॄ	टॢ	टे	टै	टो	टौ
ठ् \ ṭh	ठ	ठा	ठि	ठी	ठु	ठू	ठृ	ठॄ	ठॢ	ठे	ठै	ठो	ठौ
ड् \ ḍ	ड	डा	डि	डी	डु	डू	डृ	डॄ	डॢ	डे	डै	डो	डौ
ढ् \ ḍh	ढ	ढा	ढि	ढी	ढु	ढू	ढृ	ढॄ	ढॢ	ढे	ढै	ढो	ढौ
ण् \ ṇ	ण	णा	णि	णी	णु	णू	णृ	णॄ	णॢ	णे	णै	णो	णौ
त् \ t	त	ता	ति	ती	तु	तू	तृ	तॄ	तॢ	ते	तै	तो	तौ
थ् \ th	थ	था	थि	थी	थु	थू	थृ	थॄ	थॢ	थे	थै	थो	थौ
द् \ d	द	दा	दि	दी	दु	दू	दृ दृ	दॄ	दॢ	दे	दै	दो	दौ
ध् \ dh	ध	धा	धि	धी	धु	धू	धृ	धॄ	धॢ	धे	धै	धो	धौ
न् \ n	न	ना	नि	नी	नु	नू	नृ	नॄ	नॢ	ने	नै	नो	नौ
प् \ p	प	पा	पि	पी	पु	पू	पृ	पॄ	पॢ	पे	पै	पो	पौ
फ् \ ph	फ	फा	फि	फी	फु	फू	फृ	फॄ	फॢ	फे	फै	फो	फौ
ब् \ b	ब	बा	बि	बी	बु	बू	बृ	बॄ	बॢ	बे	बै	बो	बौ
भ् \ bh	भ	भा	भि	भी	भु	भू	भृ	भॄ	भॢ	भे	भै	भो	भौ
म् \ m	म	मा	मि	मी	मु	मू	मृ	मॄ	मॢ	मे	मै	मो	मौ
य् \ y	य	या	यि	यी	यु	यू	यृ	यॄ	यॢ	ये	यै	यो	यौ
र् \ r	र	रा	रि	री	रु	रू	रृ	रॄ	रॢ	रे	रै	रो	रौ
ल् \ l	ल	ला	लि	ली	लु	लू	लृ	लॄ	लॢ	ले	लै	लो	लौ
व् \ v	व	वा	वि	वी	वु	वू	वृ	वॄ	वॢ	वे	वै	वो	वौ
श् \ ś	श	शा	शि	शी	शु शु	शू शू	शृ शृ	शॄ	शॢ	शे	शै	शो	शौ
ष् \ ṣ	ष	षा	षि	षी	षु	षू	षृ	षॄ	षॢ	षे	षै	षो	षौ
स् \ s	स	सा	सि	सी	सु	सू	सृ	सॄ	सॢ	से	सै	सो	सौ
ह् \ h	ह	हा	हि	ही	हु हु	हू हू	हृ	हॄ	हॢ	हे	है	हो	हौ

表 3 辅音 + 辅音连写总表

	क	ख	ग	घ	ङ	च	छ	ज	झ	ञ	ट	ठ	ड	ढ	ण	त	थ	द	ध	न	प	फ	ब	भ	म	य	र	ल	व	श	ष	स	ह
क	क्क	क्ख	क्ग	क्घ	क्ङ	क्च	क्छ	क्ज	क्झ	क्ञ	क्ट	क्ठ	क्ड	क्ढ	क्ण	क्त	क्थ	क्द	क्ध	क्न	क्प	क्फ	क्ब	क्भ	क्म	क्य	क्र	क्ल	क्व	क्श	क्ष	क्स	क्ह
ख	ख्क	ख्ख	ख्ग	ख्घ	ख्ङ	ख्च	ख्छ	ख्ज	ख्झ	ख्ञ	ख्ट	ख्ठ	ख्ड	ख्ढ	ख्ण	ख्त	ख्थ	ख्द	ख्ध	ख्न	ख्प	ख्फ	ख्ब	ख्भ	ख्म	ख्य	ख्र	ख्ल	ख्व	ख्श	ख्ष	ख्स	ख्ह
ग	ग्क	ग्ख	ग्ग	ग्घ	ग्ङ	ग्च	ग्छ	ग्ज	ग्झ	ग्ञ	ग्ट	ग्ठ	ग्ड	ग्ढ	ग्ण	ग्त	ग्थ	ग्द	ग्ध	ग्न	ग्प	ग्फ	ग्ब	ग्भ	ग्म	ग्य	ग्र	ग्ल	ग्व	ग्श	ग्ष	ग्स	ग्ह
घ	घ्क	घ्ख	घ्ग	घ्घ	घ्ङ	घ्च	घ्छ	घ्ज	घ्झ	घ्ञ	घ्ट	घ्ठ	घ्ड	घ्ढ	घ्ण	घ्त	घ्थ	घ्द	घ्ध	घ्न	घ्प	घ्फ	घ्ब	घ्भ	घ्म	घ्य	घ्र	घ्ल	घ्व	घ्श	घ्ष	घ्स	घ्ह
ङ	ङ्क	ङ्ख	ङ्ग	ङ्घ	ङ्ङ	ङ्च	ङ्छ	ङ्ज	ङ्झ	ङ्ञ	ङ्ट	ङ्ठ	ङ्ड	ङ्ढ	ङ्ण	ङ्त	ङ्थ	ङ्द	ङ्ध	ङ्न	ङ्प	ङ्फ	ङ्ब	ङ्भ	ङ्म	ङ्य	ङ्र	ङ्ल	ङ्व	ङ्श	ङ्ष	ङ्स	ङ्ह
च	च्क	च्ख	च्ग	च्घ	च्ङ	च्च	च्छ	च्ज	च्झ	च्ञ	च्ट	च्ठ	च्ड	च्ढ	च्ण	च्त	च्थ	च्द	च्ध	च्न	च्प	च्फ	च्ब	च्भ	च्म	च्य	च्र	च्ल	च्व	च्श	च्ष	च्स	च्ह
छ	छ्क	छ्ख	छ्ग	छ्घ	छ्ङ	छ्च	छ्छ	छ्ज	छ्झ	छ्ञ	छ्ट	छ्ठ	छ्ड	छ्ढ	छ्ण	छ्त	छ्थ	छ्द	छ्ध	छ्न	छ्प	छ्फ	छ्ब	छ्भ	छ्म	छ्य	छ्र	छ्ल	छ्व	छ्श	छ्ष	छ्स	छ्ह
ज	ज्क	ज्ख	ज्ग	ज्घ	ज्ङ	ज्च	ज्छ	ज्ज	ज्झ	ज्ञ	ज्ट	ज्ठ	ज्ड	ज्ढ	ज्ण	ज्त	ज्थ	ज्द	ज्ध	ज्न	ज्प	ज्फ	ज्ब	ज्भ	ज्म	ज्य	ज्र	ज्ल	ज्व	ज्श	ज्ष	ज्स	ज्ह
झ	झ्क	झ्ख	झ्ग	झ्घ	झ्ङ	झ्च	झ्छ	झ्ज	झ्झ	झ्ञ	झ्ट	झ्ठ	झ्ड	झ्ढ	झ्ण	झ्त	झ्थ	झ्द	झ्ध	झ्न	झ्प	झ्फ	झ्ब	झ्भ	झ्म	झ्य	झ्र	झ्ल	झ्व	झ्श	झ्ष	झ्स	झ्ह
ञ	ञ्क	ञ्ख	ञ्ग	ञ्घ	ञ्ङ	ञ्च	ञ्छ	ञ्ज	ञ्झ	ञ्ञ	ञ्ट	ञ्ठ	ञ्ड	ञ्ढ	ञ्ण	ञ्त	ञ्थ	ञ्द	ञ्ध	ञ्न	ञ्प	ञ्फ	ञ्ब	ञ्भ	ञ्म	ञ्य	ञ्र	ञ्ल	ञ्व	ञ्श	ञ्ष	ञ्स	ञ्ह
ट	ट्क	ट्ख	ट्ग	ट्घ	ट्ङ	ट्च	ट्छ	ट्ज	ट्झ	ट्ञ	ट्ट	ट्ठ	ट्ड	ट्ढ	ट्ण	ट्त	ट्थ	ट्द	ट्ध	ट्न	ट्प	ट्फ	ट्ब	ट्भ	ट्म	ट्य	ट्र	ट्ल	ट्व	ट्श	ट्ष	ट्स	ट्ह
ठ	ठ्क	ठ्ख	ठ्ग	ठ्घ	ठ्ङ	ठ्च	ठ्छ	ठ्ज	ठ्झ	ठ्ञ	ठ्ट	ठ्ठ	ठ्ड	ठ्ढ	ठ्ण	ठ्त	ठ्थ	ठ्द	ठ्ध	ठ्न	ठ्प	ठ्फ	ठ्ब	ठ्भ	ठ्म	ठ्य	ठ्र	ठ्ल	ठ्व	ठ्श	ठ्ष	ठ्स	ठ्ह
ड	ड्क	ड्ख	ड्ग	ड्घ	ड्ङ	ड्च	ड्छ	ड्ज	ड्झ	ड्ञ	ड्ट	ड्ठ	ड्ड	ड्ढ	ड्ण	ड्त	ड्थ	ड्द	ड्ध	ड्न	ड्प	ड्फ	ड्ब	ड्भ	ड्म	ड्य	ड्र	ड्ल	ड्व	ड्श	ड्ष	ड्स	ड्ह
ढ	ढ्क	ढ्ख	ढ्ग	ढ्घ	ढ्ङ	ढ्च	ढ्छ	ढ्ज	ढ्झ	ढ्ञ	ढ्ट	ढ्ठ	ढ्ड	ढ्ढ	ढ्ण	ढ्त	ढ्थ	ढ्द	ढ्ध	ढ्न	ढ्प	ढ्फ	ढ्ब	ढ्भ	ढ्म	ढ्य	ढ्र	ढ्ल	ढ्व	ढ्श	ढ्ष	ढ्स	ढ्ह
ण	ण्क	ण्ख	ण्ग	ण्घ	ण्ङ	ण्च	ण्छ	ण्ज	ण्झ	ण्ञ	ण्ट	ण्ठ	ण्ड	ण्ढ	ण्ण	ण्त	ण्थ	ण्द	ण्ध	ण्न	ण्प	ण्फ	ण्ब	ण्भ	ण्म	ण्य	ण्र	ण्ल	ण्व	ण्श	ण्ष	ण्स	ण्ह
त	त्क	त्ख	त्ग	त्घ	त्ङ	त्च	त्छ	त्ज	त्झ	त्ञ	त्ट	त्ठ	त्ड	त्ढ	त्ण	त्त	त्थ	त्द	त्ध	त्न	त्प	त्फ	त्ब	त्भ	त्म	त्य	त्र	त्ल	त्व	त्श	त्ष	त्स	त्ह
थ	थ्क	थ्ख	थ्ग	थ्घ	थ्ङ	थ्च	थ्छ	थ्ज	थ्झ	थ्ञ	थ्ट	थ्ठ	थ्ड	थ्ढ	थ्ण	थ्त	थ्थ	थ्द	थ्ध	थ्न	थ्प	थ्फ	थ्ब	थ्भ	थ्म	थ्य	थ्र	थ्ल	थ्व	थ्श	थ्ष	थ्स	थ्ह
द	द्क	द्ख	द्ग	द्घ	द्ङ	द्च	द्छ	द्ज	द्झ	द्ञ	द्ट	द्ठ	द्ड	द्ढ	द्ण	द्त	द्थ	द्द	द्ध	द्न	द्प	द्फ	द्ब	द्भ	द्म	द्य	द्र	द्ल	द्व	द्श	द्ष	द्स	द्ह
ध	ध्क	ध्ख	ध्ग	ध्घ	ध्ङ	ध्च	ध्छ	ध्ज	ध्झ	ध्ञ	ध्ट	ध्ठ	ध्ड	ध्ढ	ध्ण	ध्त	ध्थ	ध्द	ध्ध	ध्न	ध्प	ध्फ	ध्ब	ध्भ	ध्म	ध्य	ध्र	ध्ल	ध्व	ध्श	ध्ष	ध्स	ध्ह
न	न्क	न्ख	न्ग	न्घ	न्ङ	न्च	न्छ	न्ज	न्झ	न्ञ	न्ट	न्ठ	न्ड	न्ढ	न्ण	न्त	न्थ	न्द	न्ध	न्न	न्प	न्फ	न्ब	न्भ	न्म	न्य	न्र	न्ल	न्व	न्श	न्ष	न्स	न्ह
प	प्क	प्ख	प्ग	प्घ	प्ङ	प्च	प्छ	प्ज	प्झ	प्ञ	प्ट	प्ठ	प्ड	प्ढ	प्ण	प्त	प्थ	प्द	प्ध	प्न	प्प	प्फ	प्ब	प्भ	प्म	प्य	प्र	प्ल	प्व	प्श	प्ष	प्स	प्ह
फ	फ्क	फ्ख	फ्ग	फ्घ	फ्ङ	फ्च	फ्छ	फ्ज	फ्झ	फ्ञ	फ्ट	फ्ठ	फ्ड	फ्ढ	फ्ण	फ्त	फ्थ	फ्द	फ्ध	फ्न	फ्प	फ्फ	फ्ब	फ्भ	फ्म	फ्य	फ्र	फ्ल	फ्व	फ्श	फ्ष	फ्स	फ्ह
ब	ब्क	ब्ख	ब्ग	ब्घ	ब्ङ	ब्च	ब्छ	ब्ज	ब्झ	ब्ञ	ब्ट	ब्ठ	ब्ड	ब्ढ	ब्ण	ब्त	ब्थ	ब्द	ब्ध	ब्न	ब्प	ब्फ	ब्ब	ब्भ	ब्म	ब्य	ब्र	ब्ल	ब्व	ब्श	ब्ष	ब्स	ब्ह
भ	भ्क	भ्ख	भ्ग	भ्घ	भ्ङ	भ्च	भ्छ	भ्ज	भ्झ	भ्ञ	भ्ट	भ्ठ	भ्ड	भ्ढ	भ्ण	भ्त	भ्थ	भ्द	भ्ध	भ्न	भ्प	भ्फ	भ्ब	भ्भ	भ्म	भ्य	भ्र	भ्ल	भ्व	भ्श	भ्ष	भ्स	भ्ह
म	म्क	म्ख	म्ग	म्घ	म्ङ	म्च	म्छ	म्ज	म्झ	म्ञ	म्ट	म्ठ	म्ड	म्ढ	म्ण	म्त	म्थ	म्द	म्ध	म्न	म्प	म्फ	म्ब	म्भ	म्म	म्य	म्र	म्ल	म्व	म्श	म्ष	म्स	म्ह
य	य्क	य्ख	य्ग	य्घ	य्ङ	य्च	य्छ	य्ज	य्झ	य्ञ	य्ट	य्ठ	य्ड	य्ढ	य्ण	य्त	य्थ	य्द	य्ध	य्न	य्प	य्फ	य्ब	य्भ	य्म	य्य	य्र	य्ल	य्व	य्श	य्ष	य्स	य्ह
र	र्क	र्ख	र्ग	र्घ	र्ङ	र्च	र्छ	र्ज	र्झ	र्ञ	र्ट	र्ठ	र्ड	र्ढ	र्ण	र्त	र्थ	र्द	र्ध	र्न	र्प	र्फ	र्ब	र्भ	र्म	र्य	र्र	र्ल	र्व	र्श	र्ष	र्स	र्ह
ल	ल्क	ल्ख	ल्ग	ल्घ	ल्ङ	ल्च	ल्छ	ल्ज	ल्झ	ल्ञ	ल्ट	ल्ठ	ल्ड	ल्ढ	ल्ण	ल्त	ल्थ	ल्द	ल्ध	ल्न	ल्प	ल्फ	ल्ब	ल्भ	ल्म	ल्य	ल्र	ल्ल	ल्व	ल्श	ल्ष	ल्स	ल्ह
व	व्क	व्ख	व्ग	व्घ	व्ङ	व्च	व्छ	व्ज	व्झ	व्ञ	व्ट	व्ठ	व्ड	व्ढ	व्ण	व्त	व्थ	व्द	व्ध	व्न	व्प	व्फ	व्ब	व्भ	व्म	व्य	व्र	व्ल	व्व	व्श	व्ष	व्स	व्ह
श	श्क	श्ख	श्ग	श्घ	श्ङ	श्च	श्छ	श्ज	श्झ	श्ञ	श्ट	श्ठ	श्ड	श्ढ	श्ण	श्त	श्थ	श्द	श्ध	श्न	श्प	श्फ	श्ब	श्भ	श्म	श्य	श्र	श्ल	श्व	श्श	श्ष	श्स	श्ह
ष	ष्क	ष्ख	ष्ग	ष्घ	ष्ङ	ष्च	ष्छ	ष्ज	ष्झ	ष्ञ	ष्ट	ष्ठ	ष्ड	ष्ढ	ष्ण	ष्त	ष्थ	ष्द	ष्ध	ष्न	ष्प	ष्फ	ष्ब	ष्भ	ष्म	ष्य	ष्र	ष्ल	ष्व	ष्श	ष्ष	ष्स	ष्ह
स	स्क	स्ख	स्ग	स्घ	स्ङ	स्च	स्छ	स्ज	स्झ	स्ञ	स्ट	स्ठ	स्ड	स्ढ	स्ण	स्त	स्थ	स्द	स्ध	स्न	स्प	स्फ	स्ब	स्भ	स्म	स्य	स्र	स्ल	स्व	स्श	स्ष	स्स	स्ह
ह	ह्क	ह्ख	ह्ग	ह्घ	ह्ङ	ह्च	ह्छ	ह्ज	ह्झ	ह्ञ	ह्ट	ह्ठ	ह्ड	ह्ढ	ह्ण	ह्त	ह्थ	ह्द	ह्ध	ह्न	ह्प	ह्फ	ह्ब	ह्भ	ह्म	ह्य	ह्र	ह्ल	ह्व	ह्श	ह्ष	ह्स	ह्ह

表 4 元音和元音之间的内部连音、外部连音变化表

-अ \ a -आ \ ā	-इ \ i -ई \ ī	-उ \ u -ऊ \ ū	-ऋ \ ṛ	-औ \ au	-ऐ \ ai	-ए \ e	-ओ \ o	
- आ \ ā-	-य \ ya-	-व \ va-	-र \ ra-	-आव \ āva	-आ \ ā, अ \ a-	- ए \e, ऽ \ '-	- ओ \o, ऽ \ '-	अ \ a-
- आ \ ā-	-या \ yā-	-वा \ vā-	-रा \ rā-	-आवा \ āvā	-आ \ ā, आ \ ā-	-अ \ a, आ \ ā-		आ \ ā-
-ए \ e-	-ई \ ī-	-वि \ vi-	-रि \ ri-	-आवि \ āvi	-आ \ ā, इ \ i-	-अ \ a, इ \ i-		इ \ i-
-ए \ e-	-ई \ ī-	-वी \ vī-	-री \ rī-	-आवी \ āvī	-आ \ ā, ई \ ī-	-अ \ a, ई \ ī-		ई \ ī-
-ऐ \ o-	-यु \ yu-	-ऊ \ ū-	-रु \ ru-	-आवु \ āvu	-आ \ ā, उ \ u-	-अ \ a, उ \ u-		उ \ u-
-ऐ \ o-	-यू \ yū-	-ऊ \ ū-	-रू \ rū-	-आवू \ āvū	-आ \ ā, ऊ \ ū-	-अ \ a, ऊ \ ū-		ऊ \ ū-
-अर् \ ar-	-यृ \ yṛ-	-वृ \ vṛ-	-ॠ \ ṝ-	-आवृ \ āvṛ	-आ \ ā, ऋ \ ṛ-	-ज्ञ \ a, ऋ \ ṛ-		ऋ \ ṛ-
-ऐ \ ai-	-ये \ ye-	-वे \ ve-	-रे \ re-	-आवे \ āve	-आ \ ā, ए \ e-	-अ \ a, ए \ e-		ए \ e-
-ऐ \ ai-	-यै \ yai-	-वै \ vai-	-रै \ rai-	-आवै \ āvai	-आ \ ā, ऐ \ ai-	-अ \ a, ऐ \ ai-		ऐ \ ai-
-औ \ au-	-यो \ yo-	-वो \ vo-	-रो \ ro-	-आवो \ āvo	-आ \ ā, ओ \ o-	-अ \ a, ओ \ o-		ओ \ o-
-औ \ au-	-यौ \ yau-	-वौ \ vau-	-रौ \ rau-	-आवौ \ āvau-	-आ \ ā, औ \ au-	-अ \ a, औ \ au-		औ \ au-

表 5 止音结尾连音变化表

	क् \ k-, ख् \ kh-, प् \ p-, फ् \ ph-, ष् \ ṣ-, स् \ s-, श् \ ś-, ङ् \ ṅ-, ञ् \ ñ-, ण् \ ṇ-	च् \ c- छ् \ ch-	ट् \ ṭ- ठ् \ ṭh-	त् \ t- थ् \ th-	元音	र्r-	除前以外其他辅音
-अः \ aḥ	不变	-अश् \ aś	-अष् \ aṣ	-अस् \ as	-अ \ a	-ओ \ o	-ओ \ o
-आः \ āḥ	不变	-आश् \ āś	-आष \ āṣ	-आस् \ ās	-आ \ ā	-आ \ ā	-आ \ ā
-V:\Vḥ	不变	-Vश् \ Vś	-Vष् \ Vṣ	-Vस् \ Vs	-Vर् \ Vr	-V\V	-Vर् \ Vr

V：指代除去 अa、आā 之外的任何元音。

表 6 辅音和元音之间的外部连音变化表

-क् \ k	-ट् \ ṭ	-त् \ t	-प् \ p	-अस् \ as	
-ग् \ g	-ड् \ ḍ	-द् \ d	-ब् \ b	-ओo ऽ '-	अ \ a-
-ग् \ g	-ड् \ ḍ	-द् \ d	-ब् \ b	-अ \ a	अ \ a以外其他元音

表 7　辅音和辅音之间的外部连音变化表

-क् -k	-ट् -ṭ	-त् -t	-प् -p	-न् -n	-स् -s	-र् -r	-अस् -as	-आस् -ās	
					-: -ḥ	-: -ḥ	-अ: -aḥ	-आ: -āḥ	क्\k-,ख्\kh-,प्\p-,फ्\ph-,句尾
-ग् -g	-ड् -ḍ	-द् -d	-ब् -b						ग्\g-,घ्\gh-,द्\d-,ध्\dh-,ब्\b-, भ्\bh-,य्\y-,व्\v-
		-च् -c		-ंश् -ṃś	-श् -ś	-श् -ś	-अश् -aś	-आश् -āś	च्\c-,छ्\ch-
-ग् -g	-ड् -ḍ	-ज् -j	-ब् -b	-ञ् -ñ					ज्\j-,झ्\jh-
		-ट् -ṭ		-ंष् -ṃṣ	-ष् -ṣ	-ष् -ṣ	-अष् -aṣ	-आष् -āṣ	ट्\ṭ-,ठ्\ṭh-
-ग् -g	-ड् -ḍ	-ड् -ḍ	-ब् -b	-ण् -ṇ					ड्\ḍ-,ढ्\ḍh-
				-ंस् -ṃs	-स् -s	-स् -s			त्\t-,थ्\th-
-ङ् -ṅ	-ण -ṇ	-न् -n	-म् -m						न्\n-,म्\m-
-ग् -g	-ड् -ḍ	-द् -d	-ब् -b			☆			र्\r-
-ग् -g	-ड् -ḍ	-ल् -l	-ब् -b	-ं\ंल् -ṃ\-ṃl					ल्\l-
		-च् -c		-ञ् -ñ					श्\ś-
-ग् -g	-ड् -ḍ	-द् -d	-ब् -b						ह्\h-
					-र् -r		-ओ -o	-आ -ā	任何浊辅音-

☆：前面短元音变为长音，然后去掉结尾的 र्r。

表 8　辅音和辅音之间特殊内部连音变化表

-घ् -gh	-च् -c	-ज् -j	-झ् -jh	-ढ् -ḍh	-द् -d	-ध् -dh	-भ् -bh	-श् -ś	-ष् -ṣ	-: -ḥ	
-द्ध्- -ddh-	-क्त्- -kt-	-क्त्- -kt- -ष्ट्- -ṣṭ-	-द्ध्- -ddh-	-द्ध्- -ddh-	-त्त्- -tt-	-द्ध्- -ddh-	-द्ध्- -ddh-	-ष्ट्- -ṣṭ-	-ष्ट्- -ṣṭ-	-ढ्- -ḍh-	त्- t-
-द्ध्- -ddh-	-क्त्- -kt-		-द्ध्- -ddh-	-द्ध्- -ddh-	-त्त्- -tt-	-द्ध्- -ddh-	-द्ध्- -ddh-		-ष्ठ्- -ṣṭh-	-ढ्- -ḍh-	थ्- th-
										-ढ्- -ḍh-	ध्- dh-
		-क्ष्- -kṣ-						-क्ष्- -kṣ-	-क्ष्- -kṣ-	-क्ष्- -kṣ-	स्- s-

表 9 连音变化多种情况表

-क् \ k, ख् \ gh-	-क् \ k, ह् \ h-	→			-ग् \ g, घ् \ gh-
-ङ् \ ṅ, न् \ n-	-क् \ k, न् \ n-	→			-ङ् \ ṅ, न् \ n-
-ङ् \ ṅ, म् \ m-	-क् \ k, म् \ m-	→			-ङ् \ ṅ, म् \ m-
-त् \ t, छ् \ ch-	-त् \ t, श् \ ś-	→			-च् \ c, छ् \ ch-
-ट् \ ṭ, ट् \ ṭ-	-त् \ t, ट् \ ṭ-	→			-ट् \ ṭ, ट् \ ṭ-
-ट् \ ṭ, ठ् \ ṭh-	-त् \ t, ठ् \ ṭh-	→			-ट् \ ṭ, ठ् \ ṭh-
-ट् \ ṭ, ड् \ ḍ-	-त् \ t, ड् \ ḍ-	→			-ड् \ ḍ, ड् \ ḍ-
-ट् \ ṭ, ढ् \ ḍh-	-ट् \ ṭ, ह् \ h-	-त् \ t, ढ \ ḍh-	→		-ड् \ ḍ, ढ् \ ḍh-
-त् \ t, ध् \ dh-	-त् \ t, ह् \ h-	→			-द् \ d, ध् \ dh-
-न् \ n, न् \ n-	-त् \ t, न् \ n-	→			-न् \ n, न् \ n-
-न् \ n, म् \ m-	-त् \ t, म् \ m-	→			-न् \ n, म् \ m-
-प् \ p, भ् \ bh-	-प् \ p, ह् \ h-	→			-ब् \ b, भ् \ bh-
-म् \ m, न् \ n-	-प् \ p, न् \ n-	→			-म् \ m, न् \ n-
-म् \ m, म् \ m-	-प् \ p, म् \ m-	→			-म् \ m, म् \ m-
-अः \ aḥ, V-	-ए \ e, V-	-ओ \ o, V-	→		-आ \ ā, V-
-आः \ āḥ, V-	-ऐ \ ai, V-	→			आ \ -ā, V-
\ -ā, C-	-आः \ āḥ, C-	→			-आ \ ā, C-
-ई \ ī, र् \ r-	-ईः \ īḥ, र् \ r-	-इः \ iḥ, र् \ r-	→		-ई \ ī, र् \ r-
-ऊ \ ū, र् \ r-	-ऊः \ ūḥ, र् \ r-	-उः \ uḥ, र \ r-	→		-ऊ \ ū, र् \ r-
-ए \ e, र् \ r-	-एः \ eḥ, र् \ r-	→			-ए \ e, र् \ r-
-ए \ e, र् \ r-	-एः \ eḥ, र् \ r-	→			-ओ \ o, र् \ r-
-ए \ e, र् \ r-	-एः \ eḥ, र् \ r-	→			-ऐ \ ai, र् \ r-
-ए \ e, र् \ r-	-एः \ eḥ, र \ r-	→			-औ \ au, र् \ r-
-ओ \ o, C-	-अः \ aḥ, C-	→			-ओ \ o, C-
-ओ \ o, अ \ a-	-अः \ aḥ, अ \ a-	→			- ओ \o; ऽ -
-अ \ a, ऋ \ ṛ-	-आ \ ā, ऋ \ ṛ-	→			-अर् \ ar-

续表

-अ \ a, अ \ a-	-अ \ a, आ \ ā-	-आ \ ā, अ \ a-	-आ \ ā, आ \ ā-	⟶	-आ \ ā-
-इ \ i, इ \ i-	-इ \ i, ई \ ī-	-ई \ ī, इ \ i-	-ई \ ī, ई \ ī-	⟶	-ई \ ī-
-उ \ u, उ \ u-	-उ \ u, ऊ \ ū-	-ऊ \ ū, उ \ u-	-ऊ \ ū, ऊ \ ū-	⟶	-ऊ \ ū-
-अ \ a, इ \ i-	-अ \ a, ई \ ī-	-आ \ ā, इ \ i-	-आ \ ā, ई \ ī-	⟶	-ए \ e-
-अ \ a, उ \ u-	-अ \ a, ऊ \ ū-	-आ \ ā, उ \ u-	-आ \ ā, ऊ \ ū-	⟶	-ओ \ o-
-अ \ a, ए \ e-	-अ \ a, ऐ \ ai-	-आ \ ā, ए \ e-	-आ \ ā, ऐ \ ai-	⟶	-ऐ \ ai-
-अ \ a, ओ \ o-	-अ \ a, औ \ au-	-आ \ ā, ओ \ o-	-आ \ ā, औ \ au-	⟶	-औ \ au-

注意：V：指代任何元音；C：指代任何软辅音。

表 10 常用名词词尾八格变化

10-1 以अa结尾单词变化

10-1-1 以अa结尾阳性单词变化：天：देव \ deva

	单数	双数	复数
体格	देवः \ devaḥ	देवौ \ devau	देवाः \ devāḥ
业格	देवम् \ devam	देवौ \ devau	देवान् \ devān
具格	देवेन \ devena	देवाभ्याम् \ devābhyām	देवैः \ devaiḥ
为格	देवाय \ devāya	देवाभ्याम् \ devābhyām	देवेभ्यः \ devebhyaḥ
从格	देवात् \ devāt	देवाभ्याम् \ devābhyām	देवेभ्यः \ devebhyaḥ
属格	देवस्य \ devasya	देवयोः \ devayoḥ	देवानाम् \ devānām
依格	देवे \ deve	देवयोः \ devayoḥ	देवेषु \ deveṣu
呼格	देव \ deva	देवौ \ devau	देवाः \ devāḥ

10-1-2 以अa结尾中性单词变化：果：फल \ phala

	单数	双数	复数
体格	फलम् \ phalam	फले \ phale	फलानि \ phalāni
业格	फलम् \ phalam	फले \ phale	फलानि \ phalāni
具格	फलेन \ phalena	फलाभ्याम् \ phalābhyām	फलैः \ phalaiḥ
为格	फलाय \ phalāya	फलाभ्याम् \ phalābhyām	फलेभ्यः \ phalebhyaḥ
从格	फलात् \ phalāt	फलाभ्याम् \ phalābhyām	फलेभ्यः \ phalebhyaḥ
属格	फलस्य \ phalasya	फलयोः \ phalayoḥ	फलानाम् \ phalānām
依格	फले \ phale	फलयोः \ phalayoḥ	फलेषु \ phaleṣu
呼格	फल \ phala	फले \ phale	फलानि \ phalāni

注意：除了体格和业格外，其他变化同于阳性单词。

10-1-3 以आ ā结尾阴性单词变化：言说：कथा \ kathā

	单数	双数	复数
体格	कथा \ kathā	कथे \ kathe	कथाः \ kathāḥ
业格	कथाम् \ kathām	कथे \ kathe	कथाः \ kathāḥ
具格	कथया \ kathayā	कथाभ्याम् \ kathābhyām	कथाभिः \ kathābhiḥ
为格	कथायै \ kathāyai	कथाभ्याम् \ kathābhyām	कथाभ्यः \ kathābhyaḥ
从格	कथायाः \ kathāyāḥ	कथाभ्याम् \ kathābhyām	कथाभ्यः \ kathābhyaḥ
属格	कथायाः \ kathāyāḥ	कथयोः \ kathayoḥ	कथानाम् \ kathānām
依格	कथायाम् \ kathāyām	कथयोः \ kathayoḥ	कथासु \ kathāsu
呼格	कथे \ kathe	कथे \ kathe	कथाः \ kathāḥ

10-1-4 以अa结尾阳性单词特殊变化

真实：नय \ naya

	单数	双数	复数
体格	नयन् \ nayan	नयन्तौ \ nayantau	नयन्तः \ nayantaḥ
业格	नयन्तम् \ nayantam	नयन्तौ \ nayantau	नयतः \ nayataḥ
具格	नयता \ nayatā	नयद्भ्याम् \ nayadbhyām	नयद्भिः \ nayadbhiḥ
为格	नयते \ nayate	नयद्भ्याम् \ nayadbhyām	नयद्भ्यः \ nayadbhyaḥ
从格	नयतः \ nayataḥ	नयद्भ्याम् \ nayadbhyām	नयद्भ्यः \ nayadbhyaḥ
属格	नयतः \ nayataḥ	नयतोः \ nayatoḥ	नयताम् \ nayatām
依格	नयति \ nayati	नयतोः \ nayatoḥ	नयत्सु \ nayatsu
呼格	नयन् \ nayan	नयन्तौ \ nayantau	नयन्तः \ nayantaḥ

注意：此种变化与以 t 结尾阳性名词的特殊变化一致。

10-1-5 以अ \ a结尾阳性单词变化：中，射：वेध \ vedha

	单数	双数	复数
体格	वेधाः \ vedhāḥ	वेधसौ \ vedhasau	वेधसः \ vedhasaḥ
业格	वेधसम् \ vedhasam	वेधसौ \ vedhasau	वेधसः \ vedhasaḥ
具格	वेधसा \ vedhasā	वेधोभ्याम् \ vedhobhyām	वेधोभिः \ vedhobhiḥ
为格	वेधसे \ vedhase	वेधोभ्याम् \ vedhobhyām	वेधोभ्यः \ vedhobhyaḥ
从格	वेधसः \ vedhasaḥ	वेधोभ्याम् \ vedhobhyām	वेधोभ्यः \ vedhobhyaḥ
属格	वेधसः \ vedhasaḥ	वेधसोः \ vedhasoḥ	वेधसाम् \ vedhasām
依格	वेधसि \ vedhasi	वेधसोः \ vedhasoḥ	वेधःसु \ vedhaḥsu
呼格	वेधः \ vedhaḥ	वेधसौ \ vedhasau	वेधसः \ vedhasaḥ

10-2 以इ \ i结尾单词变化

10-2-1 以इ \ i结尾阳性单词变化：沐尼，尊，圣人：मुनि \ muni

	单数	双数	复数
体格	मुनिः \ muniḥ	मुनी \ munī	मुनयः \ munayaḥ
业格	मुनिम् \ munim	मुनी \ munī	मुनीन् \ munīn
具格	मुनिना \ muninā	मुनिभ्याम् \ munibhyām	मुनिभिः \ munibhiḥ
为格	मुनये \ munaye	मुनिभ्याम् \ munibhyām	मुनिभ्यः \ munibhyaḥ
从格	मुनेः \ muneḥ	मुनिभ्याम् \ munibhyām	मुनिभ्यः \ munibhyaḥ
属格	मुनेः \ muneḥ	मुन्योः \ munyoḥ	मुनीनाम् \ munīnām
依格	मुनौ \ munau	मुन्योः \ munyoḥ	मुनिषु \ muniṣu
呼格	मुने \ mune	मुनी \ munī	मुनयः \ munayaḥ

10-2-2　以इ \ i结尾中性单词变化：水，雨：वारि \ vāri

	单数	双数	复数
体格	वारि \ vāri	वारिणी \ vāriṇī	वारीणि \ vārīṇi
业格	वारि \ vāri	वारिणी \ vāriṇī	वारीणि \ vārīṇi
具格	वारिणा \ vāriṇā	वारिभ्याम् \ vāribhyām	वारिभिः \ vāribhiḥ
为格	वारिने \ vārine	वारिभ्याम् \ vāribhyām	वारिभ्यः \ vāribhyaḥ
从格	वारिणः \ vāriṇaḥ	वारिभ्याम् \ vāribhyām	वारिभ्यः \ vāribhyaḥ
属格	वारिणः \ vāriṇaḥ	वारिणोः \ vāriṇoḥ	वारीणाम् \ vārīṇām
依格	वारिणि \ vāriṇi	वारिनोः \ vārinoḥ	वारिषु \ vāriṣu
呼格	वारि \ vāri वारे \ vāre	वारिणी \ vāriṇī	वारीणि \ vārīṇi

10-2-3　以ई \ ī结尾阴性单词变化：水，江：नदी \ nadī（多音节）（与以इन् \ in结尾阴性单词变化相同）

	单数	双数	复数
体格	नदी \ nadī	नद्यौ \ nadyau	नद्यः \ nadyaḥ
业格	नदीम् \ nadīm	नद्यौ \ nadyau	नदीः \ nadīḥ
具格	नद्या \ nadyā	नदीभ्याम् \ nadībhyām	नदीभिः \ nadībhiḥ
为格	नद्यै \ nadyai	नदीभ्याम् \ nadībhyām	नदीभ्यः \ nadībhyaḥ
从格	नद्याः \ nadyāḥ	नदीभ्याम् \ nadībhyām	नदीभ्यः \ nadībhyaḥ
属格	नद्याः \ nadyāḥ	नद्योः \ nadyoḥ	नदीनाम् \ nadīnām
依格	नद्याम् \ nadyām	नद्योः \ nadyoḥ	नदीषु \ nadīṣu
呼格	नदि \ nadi	नद्यौ \ nadyau	नद्यः \ nadyaḥ

10-2-4 以इ \ i、ई \ ī结尾阴性单词特殊变化

智、觉：धी \ dhī（单音节）

	单数	双数	复数
体格	धीः \ dhīḥ	धियौ \ dhiyau	धियः \ dhiyaḥ
业格	धियम् \ dhiyam	धियौ \ dhiyau	धियः \ dhiyaḥ
具格	धिया \ dhiyā	धीभ्याम् \ dhībhyām	धीभिः \ dhībhiḥ
为格	धियै \ dhiyai धिये \ dhiye	धीभ्याम् \ dhībhyām	धीभ्यः \ dhībhyaḥ
从格	धियाः \ dhiyāḥ	धीभ्याम् \ dhībhyām	धीभ्यः \ dhībhyaḥ
属格	धियाः \ dhiyāḥ	धियोः \ dhiyoḥ	धीनाम् \ dhīnām धियाम् \ dhiyām
依格	धियाम् \ dhiyām धियि \ dhiyi	धियोः \ dhiyoḥ	धीषु \ dhīṣu
呼格	धीः \ dhīḥ	धियौ \ dhiyau	धियः \ dhiyaḥ

10-2-5 心、意、智慧：मति \ mati

	单数	双数	复数
体格	मतिः \ matiḥ	मती \ matī	मतयः \ matayaḥ
业格	मतिम् \ matim	मती \ matī	मतीः \ matīḥ
具格	मत्या \ matyā	मतिभ्याम् \ matibhyām	मतिभिः \ matibhiḥ
为格	मत्यै \ matyai	मतिभ्याम् \ matibhyām	मतिभ्यः \ matibhyaḥ
从格	मत्याः \ matyāḥ मतेः \ mateḥ	मतिभ्याम् \ matibhyām	मतिभ्यः \ matibhyaḥ
属格	मत्याः \ matyāḥ मतेः \ mateḥ	मत्योः \ matyoḥ	मतीनाम् \ matīnām
依格	मत्याम् \ matyām मतौ \ matau	मत्योः \ matyoḥ	मतिषु \ matiṣu
呼格	मते \ mate	मती \ matī	मतयः \ matayaḥ

10-3 以उ \ u结尾单词变化

10-3-1 以उ \ u结尾阳性单词变化：牛：पशु \ paśu

	单数	双数	复数
体格	पशुः \ paśuḥ	पशू \ paśū	पशवः \ paśavaḥ
业格	पशुम् \ paśum	पशू \ paśū	पशून् \ paśūn
具格	पशुना \ paśunā	पशुभ्याम् \ paśubhyām	पशुभिः \ paśubhiḥ
为格	पशवे \ paśave	पशुभ्याम् \ paśubhyām	पशुभ्यः \ paśubhyaḥ
从格	पशोः \ paśoḥ	पशुभ्याम् \ paśubhyām	पशुभ्यः \ paśubhyaḥ
属格	पशोः \ paśoḥ	पश्वोः \ paśvoḥ	पशूनाम् \ paśūnām
依格	पशौ \ paśau	पश्वोः \ paśvoḥ	पशुषु \ paśuṣu
呼格	पोशो \ pośo	पशू \ paśū	पशवः \ paśavaḥ

10-3-2 以उ \ u结尾中性单词变化：蜜：मधु \ madhu

	单数	双数	复数
体格	मधु \ madhu	मधुनी \ madhunī	मधूनि \ madhūni
业格	मधु \ madhu	मधुनी \ madhunī	मधूनि \ madhūni
具格	मधुना \ madhunā	मधुभ्याम् \ madhubhyām	मधुभिः \ madhubhiḥ
为格	मधुने \ madhune	मधुभ्याम् \ madhubhyām	मधुभ्यः \ madhubhyaḥ
从格	मधुनः \ madhunaḥ	मधुभ्याम् \ madhubhyām	मधुभ्यः \ madhubhyaḥ
属格	मधुनः \ madhunaḥ	मधुनोः \ madhunoḥ	मधूनाम् \ madhūnām
依格	मधुनि \ madhuni	मधुनः \ madhunaḥ	मधुषु \ madhuṣu
呼格	मधु \ madhu मधो \ madho	मधुनी \ madhunī	मधूनि \ madhūni

10-3-3 以ऊ \ ū结尾阴性单词变化：女人，媳妇：वधू \ vadhū（多音节）

	单数	双数	复数
体格	वधूः \ vadhūḥ	वध्वौ \ vadhvau	वध्वः \ vadhvaḥ
业格	वधूम् \ vadhūm	वध्वौ \ vadhvau	वधूः \ vadhūḥ
具格	वध्वा \ vadhvā	वधूभ्याम् \ vadhūbhyām	वधूभिः \ vadhūbhiḥ
为格	वध्वै \ vadhvai	वधूभ्याम् \ vadhūbhyām	वधूभ्यः \ vadhūbhyaḥ
从格	वध्वाः \ vadhvāḥ	वधूभ्याम् \ vadhūbhyām	वधूभ्यः \ vadhūbhyaḥ
属格	वध्वाः \ vadhvāḥ	वध्वोः \ vadhvoḥ	वधूमाम् \ vadhūnām
依格	वध्वाम् \ vadhvām	वध्वोः \ vadhvoḥ	वधूषु \ vadhūṣu
呼格	वधु \ vadhu	वध्वौ \ vadhvau	वध्वः \ vadhvaḥ

10-3-4 以उ \ u结尾阴性单词特殊变化

地：भू \ bhū（单音节）

	单数	双数	复数
体格	भूः \ bhūḥ	भुवौ \ bhuvau	भुवः \ bhuvaḥ
业格	भुवम् \ bhuvam	भुवौ \ bhuvau	भुवः \ bhuvaḥ
具格	भुवा \ bhuvā	भूभ्याम् \ bhūbhyām	भूभिः \ bhūbhiḥ
为格	भुवै \ bhuvai भुवे \ bhuve	भूभ्याम् \ bhūbhyām	भूभ्यः \ bhūbhyaḥ
从格	भुवाः \ bhuvāḥ	भूभ्याम् \ bhūbhyām	भूभ्यः \ bhūbhyaḥ
属格	भुवाः \ bhuvāḥ	भुवोः \ bhuvoḥ	भूनाम् \ bhūnām भुवाम् \ bhuvām
依格	भुवाम् \ bhuvām भुवि \ bhuvi	भुवोः \ bhuvoḥ	भूषु \ bhūṣu
呼格	भूः \ bhūḥ	भुवौ \ bhuvau	भुवः \ bhuvaḥ

10-3-5 船：नौ \ nau

	单数	双数	复数
体格	नौः \ nauḥ	नावौ \ nāvau	नावः \ nāvaḥ
业格	नावम् \ nāvam	नावौ \ nāvau	नावः \ nāvaḥ
具格	नावा \ nāvā	नौभ्याम् \ naubhyām	नौभिः \ naubhiḥ
为格	नावे \ nāve	नौभ्याम् \ naubhyām	नौभ्यः \ naubhyaḥ
从格	नावः \ nāvaḥ	नौभ्याम् \ naubhyām	नौभ्यः \ naubhyaḥ
属格	नावः \ nāvaḥ	नावोः \ nāvoḥ	नावाम् \ nāvām
依格	नावि \ nāvi	नातोः \ nātoḥ	नौषु \ nauṣu
呼格	नौः \ nauḥ	नावौ \ nāvau	नावः \ nāvaḥ

10-3-6 乳汁：धेनु \ dhenu

	单数	双数	复数
体格	धेनुः \ dhenuḥ	धेनू \ dhenū	धेनवः \ dhenavaḥ
业格	धेनुम् \ dhenum	धेनू \ dhenū	धेनूः \ dhenūḥ
具格	धेन्वा \ dhenvā	धेनुभ्याम् \ dhenubhyām	धेनुभिः \ dhenubhiḥ
为格	धेन्वै \ dhenvai	धेनुभ्याम् \ dhenubhyām	धेनुभ्यः \ dhenubhyaḥ
从格	धेन्वाः \ dhenvāḥ	धेनुभ्याम् \ dhenubhyām	धेनुभ्यः \ dhenubhyaḥ
属格	धेन्वाः \ dhenvāḥ	धेन्वोः \ dhenvoḥ	धेनूनाम् \ dhenūnām
依格	धेन्वाम् \ dhenvām	धेन्वोः \ dhenvoḥ	धेनुषु \ dhenuṣu
呼格	धेनो \ dheno	धेनू \ dhenū	धेनवः \ dhenavaḥ

10-4　以ऋ \ ṛ结尾单词变化：（以ऋ \ ṛ结尾单词为施动者）

10-4-1　以ऋ \ ṛ结尾阳性单词变化：导师，领导者：नेतृ \ netṛ

	单数	双数	复数
体格	नेता \ netā	नेतारौ \ netārau	नेतारः \ netāraḥ
业格	नेतारम् \ netāram	नेतारौ \ netārau	नेतॄन् \ netṝn
具格	नेत्रा \ netrā	नेतृभ्याम् \ netṛbhyām	नेतृभिः \ netṛbhiḥ
为格	नेत्रे \ netre	नेतृभ्याम् \ netṛbhyām	नेतृभ्यः \ netṛbhyaḥ
从格	नेतुः \ netuḥ	नेतृभ्याम् \ netṛbhyām	नेतृभ्यः \ netṛbhyaḥ
属格	नेतुः \ netuḥ	नेत्रोः \ netroḥ	नेतॄणाम् \ netṝṇām
依格	नेतरि \ netari	नेत्रोः \ netroḥ	नेतृषु \ netṛṣu
呼格	नेतः \ netaḥ	नेतारौ \ netārau	नेतारः \ netāraḥ

10-4-2　以ऋ \ ṛ结尾中性单词变化：能持，持有者：धातृ \ dhātṛ

	单数	双数	复数
体格	धातृ \ dhātṛ	धातृणी \ dhātṛṇī	धातॄ \ dhātṝṇi
业格	धातृ \ dhātṛ	धातृणी \ dhātṛṇī	धातॄणि \ dhātṝṇi
具格	धातृणा \ dhātṛṇā	धातृभ्याम् \ dhātṛbhyām	धातृभिः \ dhātṛbhiḥ
为格	धातृणे \ dhātṛṇe	धातृभ्याम् \ dhātṛbhyām	धातृभ्यः \ dhātṛbhyaḥ
从格	धातृणः \ dhātṛṇaḥ	धातृभ्याम् \ dhātṛbhyām	धातृभ्यः \ dhātṛbhyaḥ
属格	धातृणः \ dhātṛṇaḥ	धातृणोः \ dhātṛṇoḥ	धातॄणाम् \ dhātṝṇām
依格	धातृणि \ dhātṛṇi	धातृणोः \ dhātṛṇoḥ	धातृषु \ dhātṛṣu
呼格	धातृ \ dhātṛ धातः \ dhātaḥ	धातृणी \ dhātṛṇī	धातॄणि \ dhātṝṇi

10-4-3 以ऋ \ ṛ结尾阴性单词变化：母亲：मातृ \ mātṛ

	单数	双数	复数
体格	माता \ mātā	मातरौ \ mātarau	मातरः \ mātaraḥ
业格	मातरम् \ mātaram	मातरौ \ mātarau	मातॄः \ mātṝḥ
具格	मात्रा \ mātrā	मातृभ्याम् \ mātṛbhyām	मातृभिः \ mātṛbhiḥ
为格	मात्रे \ mātre	मातृभ्याम् \ mātṛbhyām	मातृभ्यः \ mātṛbhyaḥ
从格	मातुः \ mātuḥ	मातृभ्याम् \ mātṛbhyām	मातृभ्यः \ mātṛbhyaḥ
属格	मातुः \ mātuḥ	मात्रोः \ mātroḥ	मातॄणाम् \ mātṝṇām
依格	मातरि \ mātari	मात्रोः \ mātroḥ	मातृषु \ mātṛṣu
呼格	मातः \ mātaḥ	मातरौ \ mātarau	मातरः \ mātaraḥ

10-5 以त् \ t、द् \ d结尾单词变化

10-5-1 以त् \ t结尾阳性单词变化：天：मरुत् \ marut

	单数	双数	复数
体格	मरुत् \ marut	मरुतौ \ marutau	मरुतः \ marutaḥ
业格	मरुतम् \ marutam	मरुतौ \ marutau	मरुतः \ marutaḥ
具格	मरुता \ marutā	मरुद्भ्याम् \ marudbhyām	मरुद्भिः \ marudbhiḥ
为格	मरुते \ marute	मरुद्भ्याम् \ marudbhyām	मरुद्भ्यः \ marudbhyaḥ
从格	मरुतः \ marutaḥ	मरुद्भ्याम् \ marudbhyām	मरुद्भ्यः \ marudbhyaḥ
属格	मरुतः \ marutaḥ	मरुतोः \ marutoḥ	मरुताम् \ marutām
依格	मरुति \ maruti	मरुतोः \ marutoḥ	मरुत्सु \ marutsu
呼格	मरुत् \ marut	मरुतौ \ marutau	मरुतः \ marutaḥ

10-5-2　以त् \ t结尾阳性单词变化：菩萨，智者：धीमत् \ dhīmat

	单数	双数	复数
体格	धीमान् \ dhīmān	धीमन्तौ \ dhīmantau	धीमन्तः \ dhīmantaḥ
业格	धीमन्तम् \ dhīmantam	धूमन्तौ \ dhūmantau	धीमतः \ dhīmataḥ
具格	धीमता \ dhīmatā	धीमद्भ्याम् \ dhīmadbhyām	धीमद्भिः \ dhīmadbhiḥ
为格	धीमते \ dhīmate	धीमद्भ्याम् \ dhīmadbhyām	धीमद्भ्यः \ dhīmadbhyaḥ
从格	धीमतः \ dhīmataḥ	धीमद्भ्याम् \ dhīmadbhyām	धीमद्भ्यः \ dhīmadbhyaḥ
属格	धीमतः \ dhīmataḥ	धीमतोः \ dhīmatoḥ	धीमताम् \ dhīmatām
依格	धीमति \ dhīmati	धीमतोः \ dhīmatoḥ	धीमत्सु \ dhīmatsu
呼格	धीमन् \ dhīman	धीमन्तौ \ dhīmantau	धीमन्तः \ dhīmantaḥ

10-5-3　以त् \ t结尾中性单词变化：三界，世间：जगत् \ jagat

	单数	双数	复数
体格	जगत् \ jagat	जगती \ jagatī	जगन्ति \ jaganti
业格	जगत् \ jagat	जगती \ jagatī	जगन्ति \ jaganti
具格	जगता \ jagatā	जगद्भ्याम् \ jagadbhyām	जगद्भिः \ jagadbhiḥ
为格	जगते \ jagate	जगद्भ्याम् \ jagadbhyām	जगद्भ्यः \ jagadbhyaḥ
从格	जगतः \ jagataḥ	जगद्भ्याम् \ jagadbhyām	जगद्भ्यः \ jagadbhyaḥ
属格	जगतः \ jagataḥ	जगतोः \ jagatoḥ	जगताम् \ jagatām
依格	जगति \ jagati	जगतोः \ jagatoḥ	जगत्सु \ jagatsu
呼格	जगत् \ jagat	जगती \ jagatī	जगन्ति \ jaganti

10-5-4　以त् \ t结尾阳性单词变化：示现，具足，成就：संपद् \ saṃpad

	单数	双数	复数
体格	संपत् \ saṃpat	संपदौ \ saṃpadau	संपदः \ saṃpadaḥ
业格	संपदम् \ saṃpadam	संपदौ \ saṃpadau	संपदः \ saṃpadaḥ
具格	संपदा \ saṃpadā	संपद्भ्याम् \ saṃpadbhyām	संपद्भिः \ saṃpadbhiḥ
为格	संपदे \ saṃpade	संपद्भ्याम् \ saṃpadbhyām	संपद्भ्यः \ saṃpadbhyaḥ
从格	संपदः \ saṃpadaḥ	संपद्भ्याम् \ saṃpadbhyām	संपद्भ्यः \ saṃpadbhyaḥ
属格	संपदः \ saṃpadaḥ	संपदोः \ saṃpadoḥ	संपदाम् \ saṃpadām
依格	संपदि \ saṃpadi	संपदोः \ saṃpadoḥ	संपत्सु \ saṃpatsu
呼格	संपत् \ saṃpat	संपदौ \ saṃpadau	संपदः \ saṃpadaḥ

10-6　以ज् \ j结尾阳性单词变化：商人：वणिज् \ vaṇij

	单数	双数	复数
体格	वणिक् \ vaṇik	वणिजौ \ vaṇijau	वणिजः \ vaṇijaḥ
业格	वणिजम् \ vaṇijam	वणिजौ \ vaṇijau	वणिजः \ vaṇijaḥ
具格	वणिजा \ vaṇijā	वणिग्भ्याम् \ vaṇigbhyām	वणिग्भिः \ vaṇigbhiḥ
为格	वणिजे \ vaṇije	वणिग्भ्याम् \ vaṇigbhyām	वणिग्भ्यः \ vaṇigbhyaḥ
从格	वणिजः \ vaṇijaḥ	वणिग्भ्याम् \ vaṇigbhyām	वणिग्भ्यः \ vaṇigbhyaḥ
属格	वणिजः \ vaṇijaḥ	वणिजोः \ vaṇijoḥ	वणिजाम् \ vaṇijām
依格	वणिजि \ vaṇiji	वणिजोः \ vaṇijoḥ	वणिक्षु \ vaṇikṣu
呼格	वणिक् \ vaṇik	वणिजौ \ vaṇijau	वञिजः \ vañijaḥ

10-7 以च् \ c、क् \ k结尾阴性单词变化：说，言说：वाच् \ vāc，वाक् \ vāk

	单数	双数	复数
体格	वाक् \ vāk	वाचौ \ vācau	वाचः \ vācaḥ
业格	वाचम् \ vācam	वाचौ \ vācau	वाचः \ vācaḥ
具格	वाचा \ vācā	वाग्भ्याम् \ vāgbhyām	वाग्भिः \ vāgbhiḥ
为格	वाचे \ vāce	वाग्भ्याम् \ vāgbhyām	वाग्भ्यः \ vāgbhyaḥ
从格	वाचः \ vācaḥ	वाग्भ्याम् \ vāgbhyām	वाग्भ्यः \ vāgbhyaḥ
属格	वाचः \ vācaḥ	वाचोः \ vācoḥ	वाचाम् \ vācām
依格	वाचि \ vāci	वाचोः \ vācoḥ	वाक्षु \ vākṣu
呼格	वाक् \ vāk	वाचौ \ vācau	वाचः \ vācaḥ

10-8 以ह् \ h结尾阳性单词变化：将军：ग्रामणीः \ grāmaṇīḥ

	单数	双数	复数
体格	ग्रामणीः \ grāmaṇīḥ	ग्रामण्यौ \ grāmaṇyau	ग्रामण्यः \ grāmaṇyaḥ
业格	ग्रामण्यम् \ grāmaṇyam	ग्रामण्यौ \ grāmaṇyau	ग्रामण्यः \ grāmaṇyaḥ
具格	ग्रामण्या \ grāmaṇyā	ग्रामणीभ्याम् \ grāmaṇībhyām	ग्रामनीभिः \ grāmanībhiḥ
为格	ग्रामन्ये \ grāmanye	ग्रामणीभ्याम् \ grāmaṇībhyām	ग्रामणीभ्यः \ grāmaṇībhyaḥ
从格	ग्रामण्यः \ grāmaṇyaḥ	ग्रामणीभ्याम् \ grāmaṇībhyām	ग्रामणीभ्यः \ grāmaṇībhyaḥ
属格	ग्रामण्यः \ grāmaṇyaḥ	ग्रामण्योः \ grāmaṇyoḥ	ग्रामण्याम् \ grāmaṇyām
依格	ग्रामण्याम् \ grāmaṇyām	ग्रामण्योः \ grāmaṇyoḥ	ग्रामणीषु \ grāmaṇīṣu
呼格	ग्रामणीः \ grāmaṇīḥ	ग्रामण्यौ \ grāmaṇyau	ग्रामण्यः \ grāmaṇyaḥ

10-9　以स्\s结尾单词变化

10-9-1　阳性单词：吉，大：श्रेयस्\śreyas

	单数	双数	复数
体格	श्रेयान्\śreyān	श्रेयांसौ\śreyāṃsau	श्रेयांसः\śreyāṃsaḥ
业格	श्रेयांसम्\śreyāṃsam	श्रेयांसौ\śreyāṃsau	श्रेयसः\śreyasaḥ
具格	श्रेयसा\śreyasā	श्रेयोभ्याम्\śreyobhyām	श्रेयोभिः\śreyobhiḥ
为格	श्रेयसे\śreyase	श्रेयोभ्याम्\śreyobhyām	श्रेयोभ्यः\śreyobhyaḥ
从格	श्रेयसः\śreyasaḥ	श्रेयोभ्याम्\śreyobhyām	श्रेयोभ्यः\śreyobhyaḥ
属格	श्रेयसः\śreyasaḥ	श्रेयसोः\śreyasoḥ	श्रेयसाम्\śreyasām
依格	श्रेयसि\śreyasi	श्रेयसोः\śreyasoḥ	श्रेयःसु\śreyaḥsu
呼格	श्रेयन्\śreyan	श्रेयांसौ\śreyāṃsau	श्रेयांसः\śreyāṃsaḥ

10-9-2　阳性单词：善心：सुमनस्\sumanas

	单数	双数	复数
体格	सुमनाः\sumanāḥ	सुमनसौ\sumanasau	सुमनसः\sumanasaḥ
业格	सुमनसम्\sumanasam	सुमनसौ\sumanasau	सुमनसः\sumanasaḥ
具格	सुमनसा\sumanasā	सुमनोभ्याम्\sumanobhyām	सुमनोभिः\sumanobhiḥ
为格	सुमनसे\sumanase	सुमनोभ्याम्\sumanobhyām	सुमनोभ्यः\sumanobhyaḥ
从格	सुमनसः\sumanasaḥ	सुमनोभ्याम्\sumanobhyām	सुमनोभ्यः\sumanobhyaḥ
属格	सुमनसः\sumanasaḥ	सुमनसोः\sumanasoḥ	सुमनसाम्\sumanasām
依格	सुमनसि\sumanasi	सुमनसोः\sumanasoḥ	सुमनःसु\sumanaḥsu
呼格	सुमनः\sumanaḥ	सुमनसौ\sumanasau	सुमनसः\sumanasaḥ

10-9-3 中性单词：心念：मनस् \ manas

	单数	双数	复数
体格	मनः \ manaḥ	मनसी \ manasī	मनांसि \ manāṃsi
业格	मनः \ manaḥ	मनसी \ manasī	मनांसि \ manāṃsi
具格	मनसा \ manasā	मनोभ्याम् \ manobhyām	मनोभिः \ manobhiḥ
为格	मनसे \ manase	मनोभ्याम् \ manobhyām	मनोभ्यः \ manobhyaḥ
从格	मनसः \ manasaḥ	मनोभ्याम् \ manobhyām	मनोभ्यः \ manobhyaḥ
属格	मनसः \ manasaḥ	मनसोः \ manasoḥ	मनसाम् \ manasām
依格	मनसि \ manasi	मनसोः \ manasoḥ	मनःसु \ manaḥsu
呼格	मनः \ manaḥ	मनसी \ manasī	मनांसि \ manāṃsi

10-9-4 中性单词：寿，命：आयुस् \ āyus

	单数	双数	复数
体格	आयुः \ āyuḥ	आयुषी \ āyuṣī	आयूंषि \ āyūṃṣi
业格	आयुः \ āyuḥ	आयुषी \ āyuṣī	आयूंसि \ āyūṃsi
具格	आयुषा \ āyuṣā	आयुर्भ्याम् \ āyurbhyām	आयुर्भिः \ āyurbhiḥ
为格	आयुषे \ āyuṣe	आयुर्भ्याम् \ āyurbhyām	आयुर्भ्यः \ āyurbhyaḥ
从格	आयुषः \ āyuṣaḥ	आयुर्भ्याम् \ āyurbhyām	आयुर्भ्यः \ āyurbhyaḥ
属格	आयुषः \ āyuṣaḥ	आयुषोः \ āyuṣoḥ	आयुषाम् \ āyuṣām
依格	आयुषि \ āyuṣi	आयुषोः \ āyuṣoḥ	आयुःषु \ āyuḥṣu
呼格	आयुः \ āyuḥ	आयुषी \ āyuṣī	आयूंषि \ āyūṃṣi

10-10 以अन् \ an.结尾单词变化

10-10-1 阳性单词：我：आत्मन् \ ātman

	单数	双数	复数
体格	आत्मा \ ātmā	आत्मानौ \ ātmānau	आत्मानः \ ātmānaḥ
业格	आत्मानम् \ ātmānam	आत्मानौ \ ātmānau	आत्मनः \ ātmanaḥ
具格	आत्मना \ ātmanā	आत्मभ्याम् \ ātmabhyām	आत्मभिः \ ātmabhiḥ
为格	आत्मने \ ātmane	आत्मभ्याम् \ ātmabhyām	आत्मभ्यः \ ātmabhyaḥ
从格	आत्मनः \ ātmanaḥ	आत्मभ्याम् \ ātmabhyām	आत्मभ्यः \ ātmabhyaḥ
属格	आत्मनः \ ātmanaḥ	आत्मनोः \ ātmanoḥ	आत्मनाम् \ ātmanām
依格	आत्मनि \ ātmani	आत्मनोः \ ātmanoḥ	आत्मसु \ ātmasu
呼格	आत्मन् \ ātman	आत्मानौ \ ātmānau	आत्मानः \ ātmānaḥ

10-10-2 阳性单词：人皇，天王：राजन् \ rājan

	单数	双数	复数
体格	राजा \ rājā	राजानौ \ rājānau	राजानः \ rājānaḥ
业格	राजानम् \ rājānam	राजानौ \ rājānau	राज्ञः \ rājñaḥ
具格	राज्ञा \ rājñā	राजभ्याम् \ rājabhyām	राजभिः \ rājabhiḥ
为格	राज्ञे \ rājñe	राजभ्याम् \ rājabhyām	राजभ्यः \ rājabhyaḥ
从格	राज्ञः \ rājñaḥ	राजभ्याम् \ rājabhyām	राजभ्यः \ rājabhyaḥ
属格	राज्ञः \ rājñaḥ	राज्ञोः \ rājñoḥ	राज्ञाम् \ rājñām
依格	राज्ञि \ rājñi राजनि \ rājani	राज्ञोः \ rājñoḥ	राजसु \ rājasu
呼格	राजन् \ rājan	राजानौ \ rājānau	राजानः \ rājānaḥ

10-10-3　中性单词：业，用：कर्मन् \ karman

	单数	双数	复数
体格	कर्म \ karma	कर्मणी \ karmaṇī	कर्माणि \ karmāṇi
业格	कर्म \ karma	कर्मणी \ karmaṇī	कर्माणि \ karmāṇi
具格	कर्मणा \ karmaṇā	कर्मभ्याम् \ karmabhyām	कर्मभिः \ karmabhiḥ
为格	कर्मणे \ karmaṇe	कर्मभ्याम् \ karmabhyām	कर्मभ्यः \ karmabhyaḥ
从格	कर्मणः \ karmaṇaḥ	कर्मभ्याम् \ karmabhyām	कर्मभ्यः \ karmabhyaḥ
属格	कर्मणः \ karmaṇaḥ	कर्मणोः \ karmaṇoḥ	कर्मणाम् \ karmaṇām
依格	कर्मणि \ karmaṇi	कर्मणोः \ karmaṇoḥ	कर्मसु \ karmasu
呼格	कर्म \ karma कर्मन् \ karman	कर्मणी \ karmaṇī	कर्माणि \ karmāṇi

10-10-4　中性单词：文句，名字：नामन् \ nāman

	单数	双数	复数
体格	नाम \ nāma	नाम्नी \ nāmnī नामनी \ nāmanī	नामानि \ nāmāni
业格	नाम \ nāma	नाम्नी \ nāmnī नामनी \ nāmanī	नामानि \ nāmāni
具格	नाम्ना \ nāmnā	नामभ्याम् \ nāmabhyām	नामभिः \ nāmabhiḥ
为格	नाम्ने \ nāmne	नामभ्याम् \ nāmabhyām	नामभ्यः \ nāmabhyaḥ
从格	नाम्नः \ nāmnaḥ	नामभ्याम् \ nāmabhyām	नामभ्यः \ nāmabhyaḥ
属格	नाम्नः \ nāmnaḥ	नाम्नोः \ nāmnoḥ	नाम्नाम् \ nāmnām
依格	नाम्नि \ nāmni नामनि \ nāmani	नाम्नोः \ nāmnoḥ	नामसु \ nāmasu
呼格	नाम \ nāma नामन् \ nāman	नाम्नी \ nāmnī नामनी \ nāmanī	नामानि \ nāmāni

10-11 以इन् \ in结尾单词变化

10-11-1 阳性单词：象：हस्तिन् \ hastin

	单数	双数	复数
体格	हस्ती \ hastī	हस्तिनौ \ hastinau	हस्तिनः \ hastinaḥ
业格	हस्तिनम् \ hastinam	हस्तिनौ \ hastinau	हस्तिनः \ hastinaḥ
具格	हस्तिना \ hastinā	हस्तिभ्याम् \ hastibhyām	हस्तिभिः \ hastibhiḥ
为格	हस्तिने \ hastine	हस्तिभ्याम् \ hastibhyām	हस्तिभ्यः \ hastibhyaḥ
从格	हस्तिनः \ hastinaḥ	हस्तिभ्याम् \ hastibhyām	हस्तिभ्यः \ hastibhyaḥ
属格	हस्तिनः \ hastinaḥ	हस्तिनोः \ hastinoḥ	हस्तिनाम् \ hastinām
依格	हस्तिनि \ hastini	हस्तिनोः \ hastinoḥ	हस्तिषु \ hastiṣu
呼格	हस्तिन् \ hastin	हस्तिनौ \ hastinau	हस्तिनः \ hastinaḥ

10-11-2 阳性单词：道路：पथिन् \ pathin，पन्थिन् \ panthin （特殊变化）

	单数	双数	复数
体格	पन्थाः \ panthāḥ	पन्थानौ \ panthānau	पन्थानः \ panthānaḥ
业格	पन्थानम् \ panthānam	पन्थानौ \ panthānau	पथः \ pathaḥ
具格	पथा \ pathā	पथिभ्याम् \ pathibhyām	पथिभिः \ pathibhiḥ
为格	पथे \ pathe	पथिभ्याम् \ pathibhyām	पथिभ्यः \ pathibhyaḥ
从格	पथः \ pathaḥ	पथिभ्याम् \ pathibhyām	पथिभ्यः \ pathibhyaḥ
属格	पथः \ pathaḥ	पथोः \ pathoḥ	पथाम् \ pathām
依格	पथि \ pathi	पथोः \ pathoḥ	पथिषु \ pathiṣu
呼格	पन्थाः \ panthāḥ	पन्थानौ \ panthānau	पन्थानः \ panthānaḥ

10-11-3 中性单词：力，多：बलिन् \ balin

	单数	双数	复数
体格	बलि \ bali	बलिनी \ balinī	बलीनि \ balīni
业格	बलि \ bali	बलिनी \ balinī	बलीनि \ balīni
具格	बलिना \ balinā	बलिभ्याम् \ balibhyām	बलिभिः \ balibhiḥ
为格	बलिने \ baline	बलिभ्याम् \ balibhyām	बलिभ्यः \ balibhyaḥ
从格	बलिनः \ balinaḥ	बलिभ्याम् \ balibhyām	बलिभ्यः \ balibhyaḥ
属格	बलिनः \ balinaḥ	बलिनोः \ balinoḥ	बलिनाम् \ balinām
依格	बलिनि \ balini	बलिनोः \ balinoḥ	बलिषु \ baliṣu
呼格	बलि \ bali बलिन् \ balin	बलिनी \ balinī	बलीनि \ balīni

10-11-4 阴性单词：色的，物质的：रूपिणी \ rūpiṇī（与以ई \ ī结尾阴性单词变化相同）

	单数	双数	复数
体格	रूपिणी \ rūpiṇī	रूपिण्यौ \ rūpiṇyau	रूपिण्यः \ rūpiṇyaḥ
业格	रूपिणीम् \ rūpiṇīm	रूपिण्यौ \ rūpiṇyau	रूपिणीः \ rūpiṇīḥ
具格	रूपिण्या \ rūpiṇyā	रूपिण्याम् \ rūpiṇyām	रूपिणीभिः \ rūpiṇībhiḥ
为格	रूपिण्यै \ rūpiṇyai	रूपिण्याम् \ rūpiṇyām	रूपिणीभ्यः \ rūpiṇībhyaḥ
从格	रूपिण्याः \ rūpiṇyāḥ	रूपिण्याम् \ rūpiṇyām	रूपिणीभ्यः \ rūpiṇībhyaḥ
属格	रूपिण्याः \ rūpiṇyāḥ	रूपिण्योः \ rūpiṇyoḥ	रूपिणीनाम् \ rūpiṇīnām
依格	रूपिणीभ्याम् \ rūpiṇībhyām	रूपिण्योः \ rūpiṇyoḥ	रूपिणीषु \ rūpiṇīṣu
呼格	रूपिणि \ rūpiṇi	रूपिण्यौ \ rūpiṇyau	रूपिण्यः \ rūpiṇyaḥ

表 11 常用代词词尾八格变化表

11-1 人称代词：第一人称和第二人称无性的变化，第三人称有三性

11-1-1 第一人称：我：अहम् \ aham

	单数	双数	复数
体格	अहम् \ aham	आवाम् \ āvām	वयम् \ vayam
业格	माम् \ mām मा \ mā	आवाम् \ āvām नौ \ nau	अस्मान् \ asmān नः \ naḥ
具格	मया \ mayā	आवाभ्याम् \ āvābhyām नौ \ nau	अस्माभिः \ asmābhiḥ
为格	मह्यम् \ mahyam मे \ me	आवाभ्याम् \ āvābhyām नौ \ nau	अस्मभ्यम् \ asmabhyam नः \ naḥ
从格	मत् \ mat	आवाभ्याम् \ āvābhyām नौ \ nau	अस्मत् \ asmat
属格	मम \ mama मे \ me	आवयोः \ āvayoḥ नौ \ nau	अस्माकम् \ asmākam नः \ naḥ
依格	मयि \ mayi	आवयोः \ āvayoḥ नौ \ nau	अस्मौ \ asmāu
呼格			

11-1-2 第二人称：你：त्वम् \ tvam

	单数	双数	复数
体格	त्वम् \ tvam	युवाम् \ yuvām	यूयम् \ yūyam
业格	त्वाम् \ tvām त्वा \ tvā	युवाम् \ yuvām वाम् \ vām	युष्मन् \ yuṣman वः \ vaḥ
具格	त्वया \ tvayā	युवाभ्याम् \ yuvābhyām वाम् \ vām	युष्माभिः \ yuṣmābhiḥ
为格	तुभ्याम् \ tubhyām ते \ te	युवाभ्याम् \ yuvābhyām वाम् \ vām	युष्मभ्यं \ yuṣmabhyaṃ वः \ vaḥ
从格	त्वत् \ tvat	युवाभ्याम् \ yuvābhyām वाम् \ vām	युष्मत् \ yuṣmat
属格	तव \ tava ते \ te	युवयोः \ yuvayoḥ वाम् \ vām	युष्माकम् \ yuṣmākam वः \ vaḥ
依格	त्वयि \ tvayi	युवयोः \ yuvayoḥ वाम् \ vām	युष्मासु \ yuṣmāsu
呼格			

11-1-3　第三人称阳性：他：सः \ saḥ

	单数	双数	复数
体格	सः \ saḥ	तौ \ tau	ते \ te
业格	तम् \ tam	तौ \ tau	तान् \ tān
具格	तेन \ tena	ताभ्याम् \ tābhyām	तैः \ taiḥ
为格	तस्मै \ tasmai	ताभ्याम् \ tābhyām	तेभ्यः \ tebhyaḥ
从格	तस्मात् \ tasmāt	ताभ्याम् \ tābhyām	तेभ्यः \ tebhyaḥ
属格	तस्य \ tasya	तयोः \ tayoḥ	तेषाम् \ teṣām
依格	तस्मिन् \ tasmin	तयोः \ tayoḥ	तेषु \ teṣu
呼格			

11-1-4　第三人称中性：它：तत् \ tat

	单数	双数	复数
体格	तत् \ tat	ते \ te	तानि \ tāni
业格	तत् \ tat	ते \ te	तानि \ tāni
具格	तेन \ tena	ताभ्याम् \ tābhyām	तैः \ taiḥ
为格	तस्मै \ tasmai	ताभ्याम् \ tābhyām	तेभ्यः \ tebhyaḥ
从格	तस्मात् \ tasmāt	ताभ्याम् \ tābhyām	तेभ्यः \ tebhyaḥ
属格	तस्य \ tasya	तयोः \ tayoḥ	तेषाम् \ teṣām
依格	तस्मिन् \ tasmin	तयोः \ tayoḥ	तेषु \ teṣu
呼格			

11-1-5　第三人称阴性：她：सा \ sā

	单数	双数	复数
体格	सा \ sā	ते \ te	ताः \ tāḥ
业格	ताम् \ tām	ते \ te	ताः \ tāḥ
具格	तया \ tayā	ताभ्याम् \ tābhyām	ताभिः \ tābhiḥ
为格	तस्यै \ tasyai	ताभ्याम् \ tābhyām	ताभ्यः \ tābhyaḥ
从格	तस्याः \ tasyāḥ	ताभ्याम् \ tābhyām	ताभ्यः \ tābhyaḥ
属格	तस्याः \ tasyāḥ	तयोः \ tayoḥ	तासाम् \ tāsām
依格	तस्याम् \ tasyām	तयोः \ tayoḥ	तासु \ tāsu
呼格			

11-1-6 第三人称阳性：他： एषः \ eṣaḥ

	单数	双数	复数
体格	एषः \ eṣaḥ	एतौ \ etau	एते \ ete
业格	एतम् \ etam	एतौ \ etau	एतान् \ etān
具格	एतेन \ etena	एताभ्याम् \ etābhyām	एतैः \ etaiḥ
为格	एतस्मै \ etasmai	एताभ्याम् \ etābhyām	एतेभ्यः \ etebhyaḥ
从格	एतस्मात् \ etasmāt	एताभ्याम् \ etābhyām	एतेभ्यः \ etebhyaḥ
属格	एतस्य \ etasya	एतयोः \ etayoḥ	एतेषाम् \ eteṣām
依格	एतस्मिन् \ etasmin	एतयोः \ etayoḥ	एतेषु \ eteṣu
呼格			

11-1-7 第三人称中性：它： एतत् \ etat

	单数	双数	复数
体格	एतत् \ etat	एते \ ete	एतानि \ etāni
业格	एतत् \ etat	एते \ ete	एतानि \ etāni
具格	एतेन \ etena	एताभ्याम् \ etābhyām	एतैः \ etaiḥ
为格	एतस्मै \ etasmai	एताभ्याम् \ etābhyām	एतेभ्यः \ etebhyaḥ
从格	एतस्मात् \ etasmāt	एताभ्याम् \ etābhyām	एतेभ्यः \ etebhyaḥ
属格	एतस्य \ etasya	एतयोः \ etayoḥ	एतेषाम् \ eteṣām
依格	एतस्मिन् \ etasmin	एतयोः \ etayoḥ	एतेषु \ eteṣu
呼格			

11-1-8 第三人称阴性：她：एषा \ eṣā

	单数	双数	复数
体格	एषा \ eṣā	एते \ ete	एताः \ etāḥ
业格	एताम् \ etām	एते \ ete	एताः \ etāḥ
具格	एतया \ etayā	एताभ्याम् \ etābhyām	एताभिः \ etābhiḥ
为格	एतस्यै \ etasyai	एताभ्याम् \ etābhyām	एताभ्यः \ etābhyaḥ
从格	एतस्याः \ etasyāḥ	एताभ्याम् \ etābhyām	एताभ्यः \ etābhyaḥ
属格	एतस्याः \ etasyāḥ	एतयोः \ etayoḥ	एतासाम् \ etāsām
依格	एतस्याम् \ etasyām	एतयोः \ etayoḥ	एतासु \ etāsu
呼格			

11-2 疑问代词、不定代词

11-2-1 阳性：कः \ kaḥ

	单数	双数	复数
体格	कः \ kaḥ	कौ \ kau	के \ ke
业格	कम् \ kam	कौ \ kau	कान् \ kān
具格	केन \ kena	काभ्याम् \ kābhyām	कैः \ kaiḥ
为格	कस्मै \ kasmai	काभ्याम् \ kābhyām	केभ्यः \ kebhyaḥ
从格	कस्मात् \ kasmāt	काभ्याम् \ kābhyām	केभ्यः \ kebhyaḥ
属格	कस्य \ kasya	कयोः \ kayoḥ	केषाम् \ keṣām
依格	कस्मिन् \ kasmin	कयोः \ kayoḥ	केषु \ keṣu
呼格			

11-2-2 中性：कत् \ kat

	单数	双数	复数
体格	कत् \ kat	के \ ke	कानि \ kāni
业格	कत् \ kat	के \ ke	कानि \ kāni
具格	केन \ kena	काभ्याम् \ kābhyām	कैः \ kaiḥ
为格	कस्मै \ kasmai	काभ्याम् \ kābhyām	केभ्यः \ kebhyaḥ
从格	कस्मात् \ kasmāt	काभ्याम् \ kābhyām	केभ्यः \ kebhyaḥ
属格	कस्य \ kasya	कयोः \ kayoḥ	केषाम् \ keṣām
依格	कस्मिन् \ kasmin	कयोः \ kayoḥ	केषु \ keṣu
呼格			

11-2-3 阴性：का \ kā

	单数	双数	复数
体格	का \ kā	के \ ke	काः \ kāḥ
业格	काम् \ kām	के \ ke	काः \ kāḥ
具格	कया \ kayā	काभ्याम् \ kābhyām	काभिः \ kābhiḥ
为格	कस्यै \ kasyai	काभ्याम् \ kābhyām	काभ्यः \ kābhyaḥ
从格	कस्याः \ kasyāḥ	काभ्याम् \ kābhyām	काभ्यः \ kābhyaḥ
属格	कस्याः \ kasyāḥ	कयोः \ kayoḥ	कासाम् \ kāsām
依格	कस्याम् \ kasyām	कयोः \ kayoḥ	कासु \ kāsu
呼格			

11-2-4 阳性：यः \ yaḥ

	单数	双数	复数
体格	यः \ yaḥ	यौ \ yau	ये \ ye
业格	यम् \ yam	यौ \ yau	यान् \ yān
具格	येन \ yena	याभ्याम् \ yābhyām	यैः \ yaiḥ
为格	यस्मै \ yasmai	याभ्याम् \ yābhyām	येभ्यः \ yebhyaḥ
从格	यस्मात् \ yasmāt	याभ्याम् \ yābhyām	येभ्यः \ yebhyaḥ
属格	यस्य \ yasya	ययोः \ yayoḥ	येषाम् \ yeṣām
依格	यस्मिन् \ yasmin	ययोः \ yayoḥ	येषु \ yeṣu
呼格			

11-2-5 中性：यत् \ yat

	单数	双数	复数
体格	यत् \ yat	ये \ ye	यानि \ yāni
业格	यत् \ yat	ये \ ye	यानि \ yāni
具格	येन \ yena	याभ्याम् \ yābhyām	यैः \ yaiḥ
为格	यस्मै \ yasmai	याभ्याम् \ yābhyām	येभ्यः \ yebhyaḥ
从格	यस्मात् \ yasmāt	याभ्याम् \ yābhyām	येभ्यः \ yebhyaḥ
属格	यस्य \ yasya	ययोः \ yayoḥ	येषाम् \ yeṣām
依格	यस्मिन् \ yasmin	ययोः \ yayoḥ	येषु \ yeṣu
呼格			

11-2-6 阴性：या \ yā

	单数	双数	复数
体格	या \ yā	ये \ ye	याः \ yāḥ
业格	याम् \ yām	ये \ ye	याः \ yāḥ
具格	यया \ yayā	याभ्याम् \ yābhyām	याभिः \ yābhiḥ
为格	यस्यै \ yasyai	याभ्याम् \ yābhyām	याभ्यः \ yābhyaḥ
从格	यस्याः \ yasyāḥ	याभ्याम् \ yābhyām	याभ्यः \ yābhyaḥ
属格	यस्याः \ yasyāḥ	ययोः \ yayoḥ	यासाम् \ yāsām
依格	यस्याम् \ yasyām	ययोः \ yayoḥ	यासु \ yāsu
呼格			

11-2-7 阳性：कतमः \ katamaḥ

	单数	双数	复数
体格	कतमः \ katamaḥ	कतमौ \ katamau	कतमे \ katame
业格	कतमम् \ katamam	कतमौ \ katamau	कतमान् \ katamān
具格	कतमेन \ katamena	कतमाभ्याम् \ katamābhyām	कतमैः \ katamaiḥ
为格	कतमस्मै \ katamasmai	कतमाभ्याम् \ katamābhyām	कतमेभ्यः \ katamebhyaḥ
从格	कतमस्मात् \ katamasmāt	कतमाभ्याम् \ katamābhyām	कतमेभ्यः \ katamebhyaḥ
属格	कतमस्य \ katamasya	कतमयोः \ katamayoḥ	कतमेषाम् \ katameṣām
依格	कतमस्मिन् \ katamasmin	कतमयोः \ katamayoḥ	कतमेषु \ katameṣu
呼格			

11-2-8 中性：कतमत् \ katamat

	单数	双数	复数
体格	कतमत् \ katamat	कतमे \ katame	कतमानि \ katamāni
业格	कतमत् \ katamat	कतमे \ katame	कतमानि \ katamāni
具格	कतमेन \ katamena	कतमाभ्याम् \ katamābhyām	कतमैः \ katamaiḥ
为格	कतमस्मै \ katamasmai	कतमाभ्याम् \ katamābhyām	कतमेभ्यः \ katamebhyaḥ
从格	कतमस्मात् \ katamasmāt	कतमाभ्याम् \ katamābhyām	कतमेभ्यः \ katamebhyaḥ
属格	कतमस्य \ katamasya	कतमयोः \ katamayoḥ	कतमेषाम् \ katameṣām
依格	कतमस्मिन् \ katamasmin	कतमयोः \ katamayoḥ	कतमेषु \ katameṣu
呼格			

11-2-9 阴性：कतमा \ katamā

	单数	双数	复数
体格	कतमा \ katamā	कतमे \ katame	कतमाः \ katamāḥ
业格	कतमाम् \ katamām	कतमे \ katame	कतमाः \ katamāḥ
具格	कतमया \ katamayā	कतमाभ्याम् \ katamābhyām	कतमाभिः \ katamābhiḥ
为格	कतमस्यै \ katamasyai	कतमाभ्याम् \ katamābhyām	कतमाभ्यः \ katamābhyaḥ
从格	कतमस्याः \ katamasyāḥ	कतमाभ्याम् \ katamābhyām	कतमाभ्यः \ katamābhyaḥ
属格	कतमस्याः \ katamasyāḥ	कतमयोः \ katamayoḥ	कतमासाम् \ katamāsām
依格	कतमस्याम् \ katamasyām	कतमयोः \ katamayoḥ	कतमासु \ katamāsu
呼格			

11-2-10 阳性：यतमः \ yatamaḥ

	单数	双数	复数
体格	यतमः \ yatamaḥ	यतमौ \ yatamau	यतमे \ yatame
业格	यतमम् \ yatamam	यतमौ \ yatamau	यतमान् \ yatamān
具格	यतमेन \ yatamena	यतमाभ्याम् \ yatamābhyām	यतमैः \ yatamaiḥ
为格	यतमस्मै \ yatamasmai	यतमाभ्याम् \ yatamābhyām	यतमेभ्यः \ yatamebhyaḥ
从格	यतमस्मात् \ yatamasmāt	यतमाभ्याम् \ yatamābhyām	यतमेभ्यः \ yatamebhyaḥ
属格	यतमस्य \ yatamasya	यतमयोः \ yatamayoḥ	यतमेषाम् \ yatameṣām
依格	यतमस्मिन् \ yatamasmin	यतमयोः \ yatamayoḥ	यतमेषु \ yatameṣu
呼格			

11-2-11 中性：यतमत् \ yatamat

	单数	双数	复数
体格	यतमत् \ yatamat	यतमे \ yatame	यतमानि \ yatamāni
业格	यतमत् \ yatamat	यतमे \ yatame	यतमानि \ yatamāni
具格	यतमेन \ yatamena	यतमाभ्याम् \ yatamābhyām	यतमैः \ yatamaiḥ
为格	यतमस्मै \ yatamasmai	यतमाभ्याम् \ yatamābhyām	यतमेभ्यः \ yatamebhyaḥ
从格	यतमस्मात् \ yatamasmāt	यतमाभ्याम् \ yatamābhyām	यतमेभ्यः \ yatamebhyaḥ
属格	यतमस्य \ yatamasya	यतमयोः \ yatamayoḥ	यतमेषाम् \ yatameṣām
依格	यतमस्मिन् \ yatamasmin	यतमयोः \ yatamayoḥ	यतमेषु \ yatameṣu
呼格			

11-2-12 阴性：यतमा \ yatamā

	单数	双数	复数
体格	यतमा \ yatamā	यतमे \ yatame	यतमाः \ yatamāḥ
业格	यतमाम् \ yatamām	यतमे \ yatame	यतमाः \ yatamāḥ
具格	यतमया \ yatamayā	यतमाभ्याम् \ yatamābhyām	यतमाभिः \ yatamābhiḥ
为格	यतमस्यै \ yatamasyai	यतमाभ्याम् \ yatamābhyām	यतमाभ्यः \ yatamābhyaḥ
从格	यतमस्याः \ yatamasyāḥ	यतमाभ्याम् \ yatamābhyām	यतमाभ्यः \ yatamābhyaḥ
属格	यतमस्याः \ yatamasyāḥ	यतमयोः \ yatamayoḥ	यतमासाम् \ yatamāsām
依格	यतमस्याम् \ yatamasyām	यतमयोः \ yatamayoḥ	यतमासु \ yatamāsu
呼格			

11-3　指示代词

11-3-1　这个

11-3-1-1　阳性：अयम् \ ayam

	单数	双数	复数
体格	अयम् \ ayam	इमौ \ imau	इमे \ ime
业格	इमम् \ imam	इमौ \ imau	इमान् \ imān
具格	अनेन \ anena	आभ्याम् \ ābhyām	एभिः \ ebhiḥ
为格	अस्मै \ asmai	आभ्याम् \ ābhyām	एभ्यः \ ebhyaḥ
从格	अस्मात् \ asmāt	आभ्याम् \ ābhyām	एभ्यः \ ebhyaḥ
属格	अस्य \ asya	अनयोः \ anayoḥ	एषाम् \ eṣām
依格	अस्मिन् \ asmin	अनयोः \ anayoḥ	एषु \ eṣu
呼格			

11-3-1-2　中性：इदम् \ idam

	单数	双数	复数
体格	इदम् \ idam	इमे \ ime	इमानि \ imāni
业格	इदम् \ idam	इमे \ ime	इमानि \ imāni
具格	अनेन \ anena	आभ्याम् \ ābhyām	एभिः \ ebhiḥ
为格	अस्मै \ asmai	आभ्याम् \ ābhyām	एभ्यः \ ebhyaḥ
从格	अस्मात् \ asmāt	आभ्याम् \ ābhyām	एभ्यः \ ebhyaḥ
属格	अस्य \ asya	अनयोः \ anayoḥ	एषाम् \ eṣām
依格	अस्मिन् \ asmin	अनयोः \ anayoḥ	एषु \ eṣu
呼格			

11-3-1-3　阴性：इयम् \ iyam

	单数	双数	复数
体格	इयम् \ iyam	इमे \ ime	इमाः \ imāḥ
业格	इमाम् \ imām	इमे \ ime	इमाः \ imāḥ
具格	अनया \ anayā	आभ्याम् \ ābhyām	आभिः \ ābhiḥ
为格	अस्यै \ asyai	आभ्याम् \ ābhyām	आभ्यः \ ābhyaḥ
从格	अस्याः \ asyāḥ	आभ्याम् \ ābhyām	आभ्यः \ ābhyaḥ
属格	अस्याः \ asyāḥ	अनयोः \ anayoḥ	आसाम् \ āsām
依格	अस्याम् \ asyām	अनयोः \ anayoḥ	आसु \ āsu
呼格			

11-3-2 那个

11-3-2-1 阳性：असौ \ asau

	单数	双数	复数
体格	असौ \ asau	अमू \ amū	अमी \ amī
业格	अमुम् \ amum	अमू \ amū	अमून् \ amūn
具格	अमुना \ amunā	अमूभ्याम् \ amūbhyām	अमीभिः \ amībhiḥ
为格	अमुष्मै \ amuṣmai	अमूभ्याम् \ amūbhyām	अमीभ्यः \ amībhyaḥ
从格	अमुष्मात् \ amuṣmāt	अमूभ्याम् \ amūbhyām	अमीभ्यः \ amībhyaḥ
属格	अमुष्य \ amuṣya	अमुयोः \ amuyoḥ	अमीषाम् \ amīṣām
依格	अमुष्मिन् \ amuṣmin	अमुयोः \ amuyoḥ	अमीषु \ amīṣu
呼格			

11-3-2-2 中性：अदः \ adaḥ

	单数	双数	复数
体格	अदः \ adaḥ	अमू \ amū	अमूनि \ amūni
业格	अदः \ adaḥ	अमू \ amū	अमूनि \ amūni
具格	अमुना \ amunā	अमूभ्याम् \ amūbhyām	अमीभिः \ amībhiḥ
为格	अमुष्मै \ amuṣmai	अमूभ्याम् \ amūbhyām	अमीभ्यः \ amībhyaḥ
从格	अमुष्मात् \ amuṣmāt	अमूभ्याम् \ amūbhyām	अमीभ्यः \ amībhyaḥ
属格	अमुष्य \ amuṣya	अमुयोः \ amuyoḥ	अमीषाम् \ amīṣām
依格	अमुष्मिन् \ amuṣmin	अमुयोः \ amuyoḥ	अमीषु \ amīṣu
呼格			

11-3-2-3 阴性：असौ \ asau

	单数	双数	复数
体格	असौ \ asau	अमू \ amū	अमूः \ amūḥ
业格	अमूम् \ amūm	अमू \ amū	अमूः \ amūḥ
具格	अमुय \ amuya	अमूभ्याम् \ amūbhyām	अमूभिः \ amūbhiḥ
为格	अमुष्यै \ amuṣyai	अमूभ्याम् \ amūbhyām	अमूभ्यः \ amūbhyaḥ
从格	अमुष्याः \ amuṣyāḥ	अमूभ्याम् \ amūbhyām	अमूभ्यः \ amūbhyaḥ
属格	अमुष्याः \ amuṣyāḥ	अमुयोः \ amuyoḥ	अमूषाम् \ amūṣām
依格	अमुष्याम् \ amuṣyām	अमुयोः \ amuyoḥ	अमूषु \ amūṣu
呼格			

11-4 替代词

11-4-1 阳性

	单数	双数	复数
体格	×	×	×
业格	एनम् \ enam	एनौ \ enau	एनाम् \ enām
具格	एनेन \ enena	×	×
为格	×	×	×
从格	×	×	×
属格	×	एनयोः \ enayoḥ	×
依格	×	एनयोः \ enayoḥ	×
呼格	×	×	×

11-4-2 中性

	单数	双数	复数
体格	×	×	×
业格	एनत् \ enat	एने \ ene	एनानि \ enāni
具格	एनेन \ enena	×	×
为格	×	×	×
从格	×	×	×
属格	×	एनयोः \ enayoḥ	×
依格	×	एनयोः \ enayoḥ	×
呼格	×	×	×

11-4-3 阴性

	单数	双数	复数
体格	×	×	×
业格	एनाम् \ enām	एने \ ene	एनाः \ enāḥ
具格	एनया \ enayā	×	×
为格	×	×	×
从格	×	×	×
属格	×	एनयोः \ enayoḥ	×
依格	×	एनयोः \ enayoḥ	×
呼格	×	×	×

11-5 “一切”

11-5-1 阳性：सर्वः \ sarvaḥ

	单数	双数	复数
体格	सर्वः \ sarvaḥ	सर्वौ \ sarvau	सर्वे \ sarve
业格	सर्वम् \ sarvam	सर्वौ \ sarvau	सर्वान् \ sarvān
具格	सर्वेण \ sarveṇa	सर्वाभ्याम् \ sarvābhyām	सर्वैः \ sarvaiḥ
为格	सर्वस्मै \ sarvasmai	सर्वाभ्याम् \ sarvābhyām	सर्वेभ्यः \ sarvebhyaḥ
从格	सर्वस्मात् \ sarvasmāt	सर्वाभ्याम् \ sarvābhyām	सर्वेभ्यः \ sarvebhyaḥ
属格	सर्वस्य \ sarvasya	सर्वयोः \ sarvayoḥ	सर्वेषाम् \ sarveṣām
依格	सर्वस्मिन् \ sarvasmin	सर्वयोः \ sarvayoḥ	सर्वेषु \ sarveṣu
呼格	सर्व \ sarva	सर्वौ \ sarvau	सर्वे \ sarve

11-5-2 中性：सर्वम् \ sarvam

	单数	双数	复数
体格	सर्वम् \ sarvam	सर्वे \ sarve	सर्वाणि \ sarvāṇi
业格	सर्वम् \ sarvam	सर्वौ \ sarvau	सर्वाणि \ sarvāṇi
具格	सर्वेण \ sarveṇa	सर्वाभ्याम् \ sarvābhyām	सर्वैः \ sarvaiḥ
为格	सर्वस्मै \ sarvasmai	सर्वाभ्याम् \ sarvābhyām	सर्वेभ्यः \ sarvebhyaḥ
从格	सर्वस्मात् \ sarvasmāt	सर्वाभ्याम् \ sarvābhyām	सर्वेभ्यः \ sarvebhyaḥ
属格	सर्वस्य \ sarvasya	सर्वयोः \ sarvayoḥ	सर्वेषाम् \ sarveṣām
依格	सर्वस्मिन् \ sarvasmin	सर्वयोः \ sarvayoḥ	सर्वेषु \ sarveṣu
呼格	सर्व \ sarva	सर्वे \ sarve	सर्वाणि \ sarvāṇi

11-5-3 阴性：सर्वा \ sarvā

	单数	双数	复数
体格	सर्वा \ sarvā	सर्वे \ sarve	सर्वाः \ sarvāḥ
业格	सर्वाम् \ sarvām	सर्वौ \ sarvau	सर्वाः \ sarvāḥ
具格	सर्वया \ sarvayā	सर्वाभ्याम् \ sarvābhyām	सर्वाभिः \ sarvābhiḥ
为格	सर्वस्यै \ sarvasyai	सर्वाभ्याम् \ sarvābhyām	सर्वाभ्यः \ sarvābhyaḥ
从格	सर्वस्याः \ sarvasyāḥ	सर्वाभ्याम् \ sarvābhyām	सर्वाभ्यः \ sarvābhyaḥ
属格	सर्वस्याः \ sarvasyāḥ	सर्वयोः \ sarvayoḥ	सर्वासाम् \ sarvāsām
依格	सर्वस्याम् \ sarvasyām	सर्वयोः \ sarvayoḥ	सर्वासु \ sarvāsu
呼格	सर्वे \ sarve	सर्वे \ sarve	सर्वाः \ sarvāḥ

表 12 数词表

	基数词			序数词
	阳性	中性	阴性	
1	ekaḥ	ekam	ekā	prathama-\ā-
2	dva	dve	dve	dvitīya-\ā-
3	tri	trīṇi	tisraḥ	tṛtīya-\ā-
4	catva	catvāri	catasraḥ	turya-\ā-, turīya-\ā-, caturtha-\ā-
5	pañca			pañcama-\ā-
6	ṣaṭ			ṣaṣṭha-\ā-
7	sapta			saptama-\ā-
8	aṣṭa/aṣṭu			aṣṭama-\ā-
9	nava			navama-\ā-
10	daśa			daśama-\ā-
11	ekādaśa			ekādaśa-\ā-
12	dvādaśa			dvādaśa-\ā-
13	trayodaśa			trayodaśa-\ā-
14	caturdaśa			caturdaśa-\ā-
15	pañcadaśa			pañcadaśa-\ā-
16	ṣoḍaśa			ṣoḍaśa-\ā-
17	saptadaśa			saptadaśa-\ā-
18	aṣṭādaśa			aṣṭādaśa-\ā-
19	navadaśa①			navadaśa-\ā-②
20	viṃśatiḥ			viṃśa-\ā-, viṃśatitama-\ā-
21	ekaviṃśatiḥ			ekaviṃśa-\ā-, ekaviṃśatitama-\ā-
22	dvāviṃśatiḥ			dvāviṃśa-\ā-, dvāviṃśatitama-\ā-
23	trayoviṃśatiḥ			trayoviṃśa-\ā-, trayoviṃśatitama-\ā-
24	caturviṃśatiḥ			caturviṃśa-\ā-, caturviṃśatitama-\ā-
25	pañcaviṃśatiḥ			pañcaviṃśa-\ā-, pañcaviṃśatitama-\ā-
26	ṣaḍviṃśatiḥ			ṣaḍviṃśa-\ā-, ṣaḍviṃśatitama-\ā\
27	saptaviṃśatiḥ			saptaviṃśa-\ā-, saptaviṃśatitama-\ā-
28	aṣṭāviṃśatiḥ			aṣṭāviṃśa-\ā-, aṣṭāviṃśatitama-\ā-
29	navaviṃśatiḥ			navaviṃśa-\ā-, navaviṃśatitama-\ā-
30	triṃśat			truṃśa-\ā-, triṃśattama-\ā-
31	ekatriṃśat			ekatriṃśa-\ā-, ekatriṃśattama-\ā-
32	dvātriṃśat			dvātriṃśa-\ā-,dvātriṃśattama-\ā-

① ūnaviṃśatiḥ, ekonaviṃśatiḥ, ekānnaviṃśatiḥ

② ūnaviṃśa-\ā-, ekonaviṃśa-\ā-, ekānnaviṃśa-\ā\

续表

	基数词			序数词
	阳性	中性	阴性	
33	trayastriṃśat			trayastriṃśa-\ā-, trayastriṃśattama-\ā-
34	catustriṃśat			catustriṃśa-\ā-, catustriṃśattama-\ā-
35	pañcatriṃśat			pañcatriṃśa-\ā-,pañcatriṃśattama-\ā-
36	ṣaṭtriṃśat			saṭtriṃśa-\ā-, saṭtriṃśattama-\ā-
37	saptatriṃśat			saptatriṃśa-\ā-, saptatriṃśattama-\ā-
38	aṣṭātriṃśat			aṣṭātriṃśa-\ā-, aṣṭātriṃśattama-\ā-
39	navatriṃśat			navatriṃśa-\ā-, navatriṃśattama-\ā-
40	catvāriṃśat			catvāriṃśa-\ā-, catvāriśattama-\ā-
41	ekacatvāriṃśat			ekacatvāriṃśa-\ā-, ekacatvāriṃśattma-\ā-
42	dvācatvāriṃśat[1]			dvācatvāriṃśa-\ā-, dvācatvāriṃśattama-\ā-[2]
43	trayaścatvāriṃśat[3]			trayaścatvāriṃśa-\ā-, trayaścatvāriṃśattama-\ā-[4]
44	catuścatvāriṃśat			catuścatvāriṃśaa-\ā-, catuścatvāriṃśattama-\ā-
45	pañcacatvāriṃśat			pañcacatvāriṃśa-\ā-, pañcacatvāriṃśattama-\ā-
46	ṣaṭcatvāriṃśat			ṣaṭcatvāriṃśa-\ā-, ṣaṭcatvāriṃśattama-\ā-
47	saptacatvāriṃśat			saptacatvāriṃśa-\ā-, saptacatvāriṃśattama-\ā-
48	aṣṭācatvāriṃśat			aṣṭācatvāriṃśa-\ā-, aṣṭācatvāriṃśattama-\ā-
49	navacatvāriṃśat			navacatvāriṃśa-\ā-, navacatvāriṃśattama-\ā-
50	pañcāśat			pañcāśa-\ā-, pañcaśattama-\ā-
51	ekapañcāśat			ekapañcāśa-\ā-, ekapañcāśattama-\ā-
52	dvāpañcāśat[5]			dvāpañcāśa-\ā-, dvāpañcāśattama-\ā-[6]
53	trayaḥpañcāśat[7]			trayaḥpañcāśa-\ā-, trayaḥpañcāśttama-\ā-[8]
54	catuḥpañcāśat			catuḥpañcāśa-\ā-, catuḥpañcāśattama-\ā-
55	pañcapañcāśat			pañcapañcāśa-\ā-, pañcapañcāśattama-\ā-
56	ṣaṭpañcāśat			ṣaṭpañcāśa-\ā-, ṣaṭpañcāśattama-\ā-
57	saptapañcāśat			saptapañcāśa-\ā-, saptapañcāśattama-\ā-
58	aṣṭāpañcāśat			aṣṭāpañcāśa-\ā-, aṣṭāpañcāśattama-\ā-

① dvicatvāriṃśat
② dvicatvāriṃśa-\ā-, dvicatvāriṃśattama-\ā-
③ tricatvāriṃśat
④ tricatvāriṃśa-\ā-, tricatvāriṃśattama-\ā-
⑤ dvipañcāśat
⑥ dvipañcāśa-\ā-, dvipañcāśattama-\ā-
⑦ tripañcāśat
⑧ tripañcāśa-\ā-, tripañcāśattama-\ā-

续表

	基数词			序数词
	阳性	中性	阴性	
59	navapañcāśat			navapañcāśa-\ā-, navapañcāśattama-\ā-
60	ṣaṣṭiḥ			ṣaṣṭitama-\ā-
61	ekaṣaṣṭiḥ			ekaṣaṣṭ(itam)a-\ā-
62	dvāṣaṣṭiḥ, dviṣaṣṭiḥ			dvāṣaṣṭ(itam)a-\ā-, dviṣaṣṭ(itam)a-\ā-
63	trayaḥṣaṣṭiḥ, triṣaṣṭiḥ			trayaḥṣaṣṭ(itam)a-\ā-, triṣaṣṭ(itam)a-\ā-
64	catuḥṣaṣṭiḥ			catuḥṣaṣṭ(itam)a-\ā-
65	pañcaṣaṣṭiḥ			pañcaṣaṣṭ(itam)a-\ā-
66	ṣaṭṣaṣṭiḥ			ṣaṭṣaṣṭ(itam)a-\ā-
67	saptaṣaṣṭiḥ			saptaṣaṣṭ(itam)a-\ā-
68	aṣṭāṣaṣṭiḥ			aṣṭaṣaṣṭ(itam)a-\ā-
69	navaṣaṣṭiḥ			navaṣaṣṭ(itam)a-\ā-
70	saptatiḥ			saptatitama-\ā-
71	ekasaptatiḥ			ekasaptat(itam)a-\ā-
72	dvāsaptatiḥ, dvisaptatiḥ			dvāsaptat(itam)a-\ā-, dvisaptat(itam)a-\ā-
73	trayaḥsaptatiḥ, trisaptatiḥ			trayaḥsaptat(itam)a-\ā-, trisaptat(itam)a-\ā-
74	catuḥsaptatiḥ			catuḥsaptat(itam)a-\ā-
75	pañcasaptatiḥ			pañcasaptat(itam)a-\ā-
76	ṣaṭsaptatiḥ			ṣaṭsaptat(itam)a-\ā-
77	saptasaptatiḥ			saptasaptat(itam)a-\ā-
78	aṣṭāsaptatiḥ			aṣṭāsaptat(itam)a-\ā-
79	navasaptatiḥ			navasaptat(itam)a-\ā-
80	aśītiḥ			aśītitama-\ā-
81	ekāśītiḥ			ekāśīt(itam)a-\ā-
82	vyaśītiḥ			dvyaśīt(itam)a-\ā-
83	tryaśītiḥ			tryaśīt(itam)a-\ā-
84	caturaśītiḥ			caturaśīt(itam)a-\ā-
85	pañcāśītiḥ			pañcāśīt(itam)a-\ā-
86	ṣaḍaśītiḥ			ṣaḍaśīt(itam)a-\ā-
87	saptāśītiḥ			saptāśīt(itam)a-\ā-
88	aṣṭāśītiḥ			aṣṭāśīt(itam)a-\ā-
89	navāśītiḥ			navāśīt(itam)a-\ā-
90	navatiḥ			navatitama-\ā-
91	ekanavatiḥ			ekanavat(itam)a-\ā-
92	dvānavatiḥ, dvinavatiḥ			dvānavat(itam)a-\ā-, dvinavat(itam)a-\ā-
93	trayonavatiḥ, trinavatiḥ			trayonavat(itam)a-\ā-, trinavat(itam)a-\ā-

续表

	基数词			序数词
	阳性	中性	阴性	
94	caturnavatiḥ			caturnavat(itam)a-\ā-
95	pañcanavatiḥ			pañcanavat(itam)a-\ā-
96	ṣaṇṇavatiḥ			ṣaṇavat(itam)a-\ā-
97	saptanavatiḥ			saptanavat(itam)a-\ā-
98	aṣṭānavatiḥ			aṣṭānavat(itam)a-\ā-
99	navanavatiḥ			navanavat(itam)a-\ā-
100	śatam			śatatama-\ā-
101	ekaśatam[1]			keaśata-\ā-, ekaśatatama-\ā-[2]
102	dviśatam[3]			dviśata-\ā-, dviśatatama-\ā-
103	triśatam			triśata-\ā-, triśatatama-\ā-
112	dvādaśaśatam			dvādaśaśata-\ā-, dvādaśaśatatama-\ā-
120	viṃśatiśatam			viṃśatiśata-\ā-, viṃśatiśatatama-\ā-
130	triṃśacchatam			triṃśacchata-\ā-, trimśacchatatama-\ā-
200	dviśatam, dveśatam, dviśate			dviśata-\ā-, dviśatatama-\ā-
300	triśatam, trīni, triśatāni			triśata-\ā-, triśatatama-\ā-
345	[4]			paṇcacatvāriṃśad-adhikaṃ triśatama-\ā-
1000	sahasram			sahasratama-\ā-
1002	dvisahasram[5]			dvisahasra-\ā-, dvisahasratama-\ā-[6]
2000	dvisahasram, dve sahasre			dvisahasra-\ā-, dvisahasratama-\ā-
2984	[7]			Caturaśītyadhika navaśatādhika dvisahasratama-\ā-
一万	ayutam			ayutatama-\ā-
十万	lakṣam			lakṣatama-\ā-
百万	prayutam			prayutatama-\ā-
千万	kotiḥ			koṭitama-\ā-
一亿	arbudam			arbudatama-\ā-

① ekādhikaśatam, ekādhikaṃ, śatam

② ekādhikaśatatama-\ā-, ekādhika-\ā-, śatatama-\ā-

③ dvyadhikaśatam, dvyadhikaṃ, śatam

④ pañcacatvāriṃśad-adhikaṃ triśatam

⑤ dvyadhikasahasram, dvyadhikaṃ, sahasram

⑥ dvyadhikasahasratama-\ā-, dvyadhika sahasratama-\ā-

⑦ caturaśītyadhikaṃ navaśatādhikaṃ dvisahasram

表 13 词根变化动词表

A

	√adhi+i	√an-2	√arth-10	√arh-1	√av-1
	学习	呼吸	请求	应受、应得	促进、增进
Cit①	adhīte	aniti	arthayate	arhati	avati
Pas②	adhīyate	anyate	arthyate	arhyate	avyate
Fut③	adhyeṣyate	aniṣyati	arthayiṣyate	arhisyati	aviṣyati
Cau④	adhyāpayati	ānayati		arhayati	āvayati
Des⑤	adhīyisate	aniniṣati	artithayiṣate	arjihiṣati	aviviṣati
Per⑥	adhīye	āna	arthayāṃ	ānarha	āva
Aor⑦	adhyaiṣṭa	ānīt	ārtathata	ārhīt	āvīt
Cao⑧	adhyāpipat	āninat		arjihat, ārhīt	āvivat
Inf⑨	adhyetum	anitum	arthayitum	arhitum	avitum
Ger⑩		ānitvā	arthayitvā	arhitvā	
Ppp⑪	adhīta	anita	arthita	arhita	avita
Fpp⑫			arthanīya	arhaṇīya	
Fpp	adhyeya	anīya			

① 现在时
② 被动语态
③ 将来时
④ 使役动词
⑤ 愿望动词
⑥ 完成时
⑦ 不定过去时
⑧ 使役过去式
⑨ 不定式
⑩ 动名词
⑪ 过去被动分词
⑫ 将来被动分词

	√aś-5	√aś-9	√as-2	√as-4	√ah-1
	获得	吃	是	投、扔	说
Cit	aśnute	aśnāti	asti	asyati	
Pas	aśyate	aśyate		asyate	
Fut	aśiṣyate, akṣyate	aśiṣyati		asiṣyati	
Cau	āśayati	āśayati		āsayati	
Des	aśiśiṣate	aśiśiṣati		asisiṣati	
Per	ānaśe	āśa	āsa	āsa	āha
Aor	āṣṭa, āśiṣṭa	āśīt		āsthat	
Cao	āśiśat	āśiśat	形式来于√bhū	āsiṣat	形式来于√brū
Inf	aṣṭum, aśitum	aśitum F	形式来于√bhū	asitum	形式来于√brū
Ger	aṣṭvā, aśitvā	aśitvā	形式来于√bhū	as(i)tvā	形式来于√brū
Ppp	aṣṭa-	aśita-		asta-	形式来于√vac
Fpp		aśanīya-		asanīya-	
Fpp					

	√āp-5	√ās-2			
	获得、学到	坐			
Cit	āpnoti	āste			
Pas	āpyate	āsyate			
Fut	āpsyati	āsiṣyate			
Cau	āpayati	āsayati			
Des	īpsati	āsisiṣate			
Per	āpa	āsāṃ C			
Aor	āpat	āsiṣṭa			
Cao	āpipat				
Inf	āptum F	āsitum F			
Ger	āptvā	āsitvā			
Ppp	āpta-	āsita-			
Fpp	āpanīya-	āsanīya-			
Fpp	āpya-	āsya-			

B

	√ baṃh-1	√ bandh-9	√ bādh-1	√ budh-1.4	√ bṛh-1.6
	强大、强壮	绑	压、压迫	唤醒	大、伟大
Cit	baṃhate	badhnāti	bādhate　A	bodhati　M①	barhati, bṛhati
Pas		badhyate	bādhyate	budhyate	bṛhyate
Fut	baṃhiṣyate	bhantsyati②	bādhiṣyate	bhotsyate③	barhiṣyati④
Cau	baṃhayate	bandhayati	bādhayati	bodhayati	barhayati
Des		bibhantsati	bibādhiṣate	bubodhiṣati⑤	bibarhiṣati
Per		babandha	babādhe	bubodha　M	babarha
Aor	abaṃhiṣṭa	abhāntsīt	abādhiḍṭa	abodhīt　M⑥	abarhīt
Cao		ababandhat	ababādhat	abūbudhat	ababarhat
Inf		ba(n)ddhum F⑦	bādhitum　F	bodhitu　F⑧	barhitum
Ger		ba(d)dhvā	bādhitvā	buddhvā⑨	barhitvā, bṛḍhvā
Ppp	baṃhita-	baddha-	bādhita-	buddha-, budhita-	bṛḍha-
Fpp		bandhanīya-	bādhanīya-	bodhanīya-	
Fpp		bandhya-	bādhya-	bodhya-	

	√ bru-2	√ bhakṣ-10	√ bhaj-1	√ bhañj-7	√ bhā-2
	说	吃	分开	打破	照耀
Cit	bravīti	bhakṣayati	bhajati　M	bhanakti⑩	bhāti
Pas		bhakṣyate	bhajyate	bhajyate	bhāyate
Fut	形式来于√ vac	bhakṣayiṣyati	bhakṣyati⑪	bhaṅkṣyati	bhāsyati
Cau	形式来于√ vac		bhājayati	bhañjayati	bhāpayati
Des	形式来于√ vac	bibhakṣayiṣati	bibhakṣati	bibhaṅkṣati	bibhāsati
Per		bhakṣayām ā	babhāja	babhañja	babhau
Aor		ababhakṣat	abhākṣīt	abhāṅkṣīt	abhāsīt
Cao			abībhajat	ababhañjat	abībhapat
Inf		bhakṣayitum　F	bhaktum　F⑫	bhaṅktum	bhātum
Ger		bhakṣayitvā	bhaktvā	bha(ṅ)ktvā	bhātvā
Ppp		bhakṣita-	bhakta-	bhagna-	bhāta-
Fpp			bhajanīya-		
Fpp			bhājya-		

① budhyate
② bandhiṣyati
③ bodhiṣyati
④ bharkṣyati
⑤ M bobudhyate
⑥ abudhat, M, abuddha
⑦ bandhitum
⑧ boddhum
⑨ budhitvā, bodhitvā
⑩ Pl.bhañjanti
⑪ bhajiṣyati
⑫ bhajitum

	√bhāṣ-1	√bhās-1	√bhikṣ-1	√bhid-7	√bhī-3
	说话	照耀、发光	求	分裂	恐惧
Cit	bhāṣate	bhāsate	bhikṣate A	bhinatti M[①]	bibheti, bibhyati
Pas	bhāṣyate	bhāsyate	bhikṣyate	bhidyate	bhīyate
Fut	bhāṣiṣyate	bhāsiṣyate	bhikṣiṣyate	bhetsyati	bheṣyati
Cau	bhāṣayati M	bhāsayati	bhikṣayati	bhedayati	bhīṣayati
Des	bibhāṣiṣate	bibhāsiṣate		bibhitsati	bibhīṣati
Per	babhāṣe	babhāse	bibhikṣe	bibheda M	bibhāya
Aor	abhāṣiṣṭa[②]	abhāsiṣṭa	abhikṣiṣṭa	abhidat M[③]	abhaiṣīt
Cao	ababhāṣat	ababhāsat	abibhikṣat	abībhidat	abībhiṣat
Inf	bhāṣitum F	bhāsitum	bhikṣitum F	bhettum F	bhetum F
Ger	bhāṣitvā	bhāsitvā	bhikṣitvā	bhittvā	bhītvā
Ppp	bhāṣita-	bhāsita-	Bhikṣita-	bhinna-, bhitta-	bhīta-
Fpp	bhāṣaṇīya-			bhedanīya-	
Fpp	bhāṣya-	bhāsya-		bhedya-	bheya-

	√bhuj-7	√bhuj-6	√bhū-1	√bhūṣ-1	√bhṛ-3.1
	享受	弯曲	成为	装饰	承受、忍受
Cit	bhunakti M[④]	bhujati	bhavati	bhūṣati	bibharti M
Pas	bhujyate	bhujyate	bhūyate		bhriyate
Fut	bhokṣyati	bhokṣyati	bhaviṣyati	bhūṣiṣyati	bhariṣyati
Cau	bhojayati		bhāvayati	bhūṣayati	bhārayati
Des	bubhukṣati		bubhūṣati	bubhūṣiṣati	bibhariṣati
Per	bubhoja M	bubhoja	babhūva	bubhūṣa	babhāra M[⑤]
Aor	abhaukṣīt M	abhaukṣīt	abhūt	abhūṣīt	abhārṣīt
Cao	abūbhujat		abībhavat	abubhūṣat	abībharat
Inf	bhoktum F	bhoktum F	bhavitum F	bhūṣitum F	bhartum F
Ger	bhu(ṅ)ktvā		bhūtvā		bhṛtvā
Ppp	bhukta-	bhugna-	bhūta-	bhūṣita-	bhṛta-
Fpp	bhojanīya-		bhavanīya-	bhūṣaṇīya-	bharaṇīya-
Fpp	bhojya-		bhāvya-	bhūṣya-	bhārya-

① Pl.bhindanti

② ababhāṣat

③ M.abhaitsīt

④ Pl.bhuñjanti

⑤ bibharām

	√bhraṃś-1	√bhram-1.4	√bhrasj-6	√bhrāj-1	
	落下	漫步	烤	照耀	
Cit	bhraśyati	bhramati M①	bhṛjjati M	bhrāyate	
Pas	bhraśyate	bhramyate	bhṛjjyate	bhrājyate	
Fut	bhraṃśiṣyati	bhramiṣyati	bhrakṣyati②	bhrājiṣyate	
Cau	bhraṃśayati	bhrāmayati	bhrajjayati③	bhrājayati	
Des	bibhraṃśiṣati	bibhramiṣati	bibhrajjiṣati	bibhrājiṣate	
Per	babhraṃśa M	babhrāma	babhrajja M④	babhrāje	
Aor	abhraśat	abhramīt⑤	abhrākṣīt M⑥	abhrājiṣṭa	
Cao	ababhraṃśat	abibhramat	ababhrajjat	abibhrajat	
Inf	bhraṃśitum	bhrāntum⑦	braṣṭum⑧	bhrājitum	
Ger	bhra(ṃ)śitvā⑨	bhrāntvā⑩	bhṛṣṭvā	bhrājitvā	
Ppp	bhraṣṭa-	bhrānta-	bhṛṣṭa-	bhrājita-	
Fpp		bhramaṇīya-			
Fpp					

① bhrāmyati
② bharkṣyati
③ bharjayati
④ M.babharja
⑤ abhramat
⑥ M.abhārkṣīt, M.abhraṣṭa, M.abharṣṭa
⑦ bhramitvā
⑧ bharṣṭum
⑨ bhraṣṭvā
⑩ bhramitvā

C

	√ cakṣ-2	√ cam-1	√ car-1	√ car-1	√ cal-1
	告诉	啜饮	去	咀嚼、细想	移动
Cit	caṣṭe[①]	camati	caraīcaratti	carvati	calati
Pas	cakṣyate		caryate	carvyate	calyate
Fut	形式来于√ khyā	camiṣyati	cariṣyati		caliṣyati
Cau	cakṣayati	cāmayati	cārayati	carvayati	cālayati
Des		cicamiṣati	cicar(i)ṣati		cicaliṣati
Per	cacakṣe[②]	cacāma	cacāra	cacarva	cacāla
Aor		acamīt	acārīt	acarvīt	acālīt
Cao		acīcamat	acīcarat	acacarvat	acīcalat
Inf	caṣṭum	camitum	car(i)tum F	carvitum	calitum F
Ger			car(i)tvā		calitvā
Ppp		cānta-	carita-	cūrṇa-	calita-
Fpp			cāraṇīya-		
Fpp			cārya-	carvya-	

	√ ci-5	√ cit-1	√ cint-10	√ cud-10	√ cur-10
	收集、聚集	考虑、认为	想、思考	推动、激动	偷
Cit	cinoti M	cetati	cintayati M	codayati M	corayati M
Pas	cīyate	cityate	cintyate	codyate	coryate
Fut	ceṣyati M	cetiṣyati	cintayiṣyati	codayiṣyati	corayiṣyati
Cau	cāyayati	cetayati			
Des	cicīṣati M	ciceṭiṣati		cucodayiṣati	cucorayiṣati
Per	cikāya, cicāya.M	ciceta	cintayām	codayām	corayām
Aor	acaiṣīt M	acetīt	acīcintat M	acūcudat	acūcurat
Cao		acīcitat			
Inf	cetum	cetitum	cintayitum F	codayitum F	corayitum F
Ger	citvā	cetitvā, cititvā	cintayitvā		corayitvā
Ppp	cita-	citta-	cintita-	codita-	corita-
Fpp	cayanīya-		cintanīya-	codanīya-	coraṇīya-
Fpp	ceya-	cetya-	cintya-	codya-	corya-

① Pl.cakṣate

② M.cakṣau

	√ cṛt-6	√ ceṣṭ-1	√ cyu-1	√ chad-10	√ chid-7
	抓住、使集中	行动、扮演	落下、变成、减弱	覆盖、代替	切、缩短
Cit	cṛ(n)tati	ceṣṭati M	cyavate A	chādayati M	chinatti M[①]
Pas	cṛtyate	ceṣṭyate		chādyate	chidyate
Fut		ceṣṭiṣyate	cyoṣyate	chādayiṣyati	chetsyati M
Cau	cartayati	ceṣṭayati	cyācayati		chedayati
Des	cicartiṣati	ciceṣṭiṣate	cucyūṣate	cicchādayiṣati	cicchitsati M
Per	cacarta	ciceṣṭa M	cucyuve	chādayām	ciccheda M
Aor	acartīt	aceṣṭīt M	acyoṣṭa	acicchadat M	acchidat[②]
Cao		aciceṣṭat			acicchidat
Inf	cartitum	Ceṣṭitum F	cyavitum	chādayitum F	chettum F
Ger		ceṣṭitvā		chādayitvā	chittvā
Ppp	cṛtta-	Ceṣṭita-	cyuta-	chādita-[③]	chinna-
Fpp					chedanīya-
Fpp				chādya-	cheddya-

D

	√ ḍhauk-1	√ da(ṃ)ś-1	√ dakṣ-1	√ daṇd-10	√ dam-4
	接近、处理	咬、刺痛	能、会	惩罚	驯养、制伏
Cit	ḍhaukate	da(ṃ)śati	dakṣati M	daṇḍayati M	dāmyati
Pas	ḍhaukyate	daśyate		daṇḍyate	damyate
Fut	ḍhaukiṣyate	daṇkṣyati	dakṣiṣyate	daṇḍayiṣyati	damiṣyati
Cau	ḍhaukayati	daṃśayati	dakṣayati		damayati
Des	ḍuḍhaukiṣate	dida(ṅ)kṣati			didamiṣati
Per	ḍuḍhauke	dadaṃśa	dadakṣe	daṇḍayām ā\c	dadāma
Aor	aḍhaukiṣṭa	adāṅkṣīt	adakṣiṣṭa	adadaṇḍat M	adamīt, adamat
Cao	aḍuḍhaukat		adadakṣat		adīdamat
Inf	ḍhaukitum	daṃṣṭum	dakṣitum	daṇḍayitum	damitum
Ger		da(ṃ)ṣṭvā		daṇḍayitvā	damitvā, dāntvā
Ppp	ḍhaukita-	daṣṭa-		daṇḍita-	damita-, danta-
Fpp				daṇḍanīya-	
Fpp					damya-

① Pl.chindanti

② M.acchaitsīt

③ channa-

	√ dambh-1.5	√ day-1	√ das-4	√ dah-1	√ dā-3
	欺骗	同情	缺乏	燃烧	给
Cit	dabhati ①	dayate	dasyati	dahati M	dadāti M
Pas	dabhyate			dahyate	dīyate
Fut	dambhiṣyati	dayiṣyate	dāsiṣyati	dhakṣyati ②	dāsyati
Cau	dambhayati		dāsayati	dāhayati	dāpayati
Des	didambhiṣati	didayiṣate		didhakṣati	ditsati
Per	dadambha ③	dayāṃ C	dadāsa	dadāha	dadau M
Aor	adabhat ④	adayiṣṭa	adasat	adhākṣīt	adāt M
Cao	adadambhat			adīdahat	
Inf	dambhitum ⑤	dayitum	dāsitum	dagdhum F	dātum F
Ger	dambhitvā ⑥			dagdhvā	dattvā
Ppp	dabdha-	dayita-	dasta-	dagdha-	datta-
Fpp					dānīya-
Fpp			dasya-	dāhya-	deya-

	√ dā-2	√ div-4	√ div-1	√ diś-6	√ dih-2
	切	玩、扮演	哀悼、悲叹	显示、展出	诽谤、弄脏
Cit	dāti	dīvyati	devati	diśati M	degdhi M ⑦
Pas	dīyate	dīvyate		diśyate	dihyate
Fut	dāsyati	deviṣyati	deviṣyati	dekṣyati	dhekṣyati
Cau	dāpayati	devayati	devayati	deśayati	dehayati
Des	ditsati	dideviṣati		didikṣati	didhikṣati
Per	dadau M	dideva	dideva	dideśa M	dideha M
Aor	adāt, adāsīt M	adevīt	ddevīt M	adikṣat M	adhikṣat M
Cao		adīdivat	adīdivat	adīdiśat	adīdihat
Inf	dātum F	devitum F	devitum	deṣṭum F	degdhum
Ger	dattvā	dyutvā, devitvā		diṣṭvā	digdhvā
Ppp	dita-	dyūta-, dyūna-	dyūna-	diṣṭa-	digdha-
Fpp	dānīya-				
Fpp	deya-			deśya-	dehya-

① dabhnoti

② dahiṣyati

③ dadābha

④ adambhīt

⑤ dabdhum

⑥ dabdhvā

⑦ Pl.dihanti

	√ dīkṣ-1	√ dīp-4	√ du-5	√ dul-10	√ duṣ-4
	奉献	宣布、刻	遭受、忍受	摇摆	掠夺、糟蹋
Cit	dīkṣate	dīpyate　A	dunoti	dolayati	duṣyati
Pas	dīkṣyate	dīpyate	dūyate		duṣyate
Fut	dīkṣiṣyate	dīpiṣyate	doṣyati		dokṣyati
Cau	dīkṣayati	dīpayati	dāvayati		doṣayati
Des	didīkṣ(iṣ)ate	didīpiṣate	dudūṣati	dudolayiṣati	dadukṣati
Per	didīkṣe	didīpe	dudāva	dolayām, āsa	dudoṣa
Aor	adīkṣiṣṭa	adīpiṣṭa	adoṣīt, adauṣīt	adūdulat	adoṣīt, aduṣat
Cao	adidīkṣat	adīdipat			adūduṣat
Inf	dīkṣitum	dīpitum	dotum	dolayitum	doṣṭum
Ger	dīkṣitvā	dīptvā			duṣṭvā
Ppp	dīkṣita-	dipta-	duta-, dūna-	dolita-	duṣṭa-
Fpp					
Fpp					dūṣya-

	√ duh-2	√ dṛ-6	√ dṛp-4	√ dṛś-1	√ dṛ(ṃ)h-1
	榨取、挤奶	注意	自豪	看见	建立、安置
Cit	dogdhi	driyate	dṛpyati	paśyati[1]	dṛṃhati　M
Pas	duhyate	driyate	dṛpyate	dṛśyate	
Fut	dhokṣyati	dariṣyate	darpiṣyati[2]	drakṣyati	dṛṃhiṣyati
Cau	dohayati	dārayati	darpayati	darśayati	dṛṃhayati
Des	dudhukṣati	didariṣate	didarpiṣati	didṛkṣate	didṛṃhiṣati
Per	dudoha　M	dadre	dadarpa	dadarśa　M	dadṛṃha
Aor	adukṣat[3]	adṛta	adṛpat[4]	adrākṣīt, adarśa	adṛṃhīt
Cao	adūduhat	adīdarat	adīdṛpat	adīdṛśat	
Inf	dogdhum　F	dartum	darp(i)tum[5]	draṣṭum　F	dṛṃhitum
Ger	dugdhvā	dṛtvā	darpitvā, dṛptvā	dṛṣṭvā	
Ppp	dugdha-	dṛta-	dṛpta-	dṛṣṭa-	dṛdha-[6]
Fpp		daraṇīya-		darśanīya-	
Fpp	dohya-			dṛśya-	

① 来自√ paś

② darpsyati, drapsyati

③ adugdha

④ adārpsīt, adrāpsīt, adarpīt

⑤ draptum

⑥ dṛ(ṃ)hita-

	√ dṝ-9	√ dyut-1	√ drā-2	√ dru-1	√ druh-4
	流泪、撕掉	闪烁	跑、管理、运行	跑、管理、运行	冒犯、违反
Cit	dṛṇāti	dyotate	drāti	dravati M	druhyati M
Pas	dīryate	dyutyate	drāyate	drūyate	druhyate
Fut	darīṣyati	dyotiṣyate	drāsyati	droṣyati	drohiṣyati [1]
Cau	dārayati	dyotayati	drāpayati	drāvayati	drohayati
Des	didarīṣati	didyutiṣate	didrāsati	dudrūṣati	dudruhiṣati
Per	dadāra	didyute	dadrau	dudrāva	dudroha
Aor	adārīt	adyutat	adrāsīt	adudruvat	adruhat
Cao	adadarat	adudyutat	adidrapat		adudruhat
Inf	darītum	dyotitum	drātum	drotum	drogdhum F [2]
Ger	dīrtvā	dyutitvā		drutvā	drugdhvā [3]
Ppp	dīrṇa-	dyut(i)ta-	drāṇa-	druta-	drugdha- [4]
Fpp	daraṇīya-				
Fpp					druhya-

	√ dviṣ-2	√ dhā-3	√ dhāv-1	√ dhu-5	√ dhṛ-1
	恨	放	冲洗	摇动、震动	承受支撑、具有
Cit	dveṣṭi	dadhāti M	dhāvati M	dhunoti M	dharati M
Pas	dviṣyate	dhīyate	dhāvyate	dhūyate	dhriyate
Fut	dvekṣyati	dhāsyati	dhāviṣyati	dhoṣyati [5]	dhariṣyati
Cau	dveṣayati	dhāpayati	dhāvayati	dhāvayati	dhārayati
Des	didvikṣati	dhitsati	didhāviṣati	dudhūṣati	didhariṣati
Per	didveṣa M	dadhau M	dadhāva M	dudhāva M	dadhāra M
Aor	advikṣat M	adhāt M	adhāvīt M	adhāvīt M [6]	adhārṣīt
Cao	adidviṣat	adīdhapat	adīdhavat		adīdharat
Inf	dveḍṭum	dhātum F	dhāvitum	dhavitum F [7]	dhartum
Ger	dviṣṭvā	(d)hitvā	dhāvitvā [8]	dhūtvā	dhṛtvā
Ppp	dviṣṭa-	hita-	dhāvita- [9]	dhūta-.dhūna-	dhṛta-
Fpp	dveṣaṇīya-	dhānīya-			dhāraṇīya-
Fpp	dveṣya-	dheya-			dhārya-

① dhrokṣyati
② drohitum, droḍhum F
③ druhitvā, drohitvā, druḍhvā
④ draḍha-
⑤ dhaviṣyati
⑥ M.adhāvīt
⑦ dhotum
⑧ dhautvā
⑨ dhauta-

	√ dhṛṣ-5	√ dhe-1	√ dhmā-1	√ dhyai-1.2	√ dhraj-1
	敢	吸吮、巴结	风吹、喘气	考虑、沉思	提出、前进
Cit	dhṛṣṇoti	dhayati	dhamati	dhyā(ya)ti M	dhra(ñ)jati
Pas		dhīyate	dhmāyate	dhyāyate	
Fut	dharṣiṣyati	dhāsyati	dhamiṣyati ①	dhyāsyati	
Cau	dharṣayati	dhāpayati	dhmāpayati	dhyāpayati	
Des	didharṣiṣati	dhitsati	didhmāsati	didhyāsati	
Per	dadharṣa	dadhau	dadhmau	dadhyau	dadhrāja ②
Aor	adhṛṣat ③	adhā(sī)t	adhmāsīt	adhyāsīt	adhrājīt ④
Cao	adīdṛṣat	adīdhapat	adidhmapat	adidhyapat	
Inf	dharṣitum	dhātum	dhmātum F	dhyātum F	
Ger		dhītvā		dhyātvā	
Ppp	dhṛṣṭa- ⑤	dhīta-	dhamita- ⑥	dhyāta-	
Fpp	dharṣaṇīya-		dhmānīya-		
Fpp				dhyeya-	

	√ dhraṃs-1	√ dhvan-1	√ dhvṛ-1		
	毁灭、死亡	回响、传诵	弯曲、屈服		
Cit	dhvaṃsati M	dhvanati	dhvarati		
Pas	dhvasyate	dhvanyate			
Fut	dhvaṃsiṣyate	dhvaniṣyati	dhvariṣyati		
Cau	dhvaṃsayati	dhvānayati	dhvārayati		
Des	didhvaṃsiṣate	didhvaniṣati	dudhūrṣati		
Per	dadhvaṃsa M	dodhvāna	dadhcāra		
Aor	adhvasat M	adhvānīt	adhcārṣīt		
Cao		adidhvanat			
Inf	dhvaṃsitum	dhvanitum	dhvartum F		
Ger	dhvastvā ⑦	dhvanitvā			
Ppp	dhvasta-	dhvanita- ⑧	dhūrta-		
Fpp					
Fpp		dhvanya-			

① dhmāsyati

② dadhrañja

③ adharṣīt

④ adhrāñjīt

⑤ dharṣita-

⑥ dhmāta

⑦ dhvaṃsitvā

⑧ dhvānta-

E

	√ edh-1				
	繁荣、成长				
Cit	edhate				
Pas	edhyate				
Fut	edhiṣyate				
Cau	edhayati				
Des	edidhiṣate				
Per	edhāṃ C				
Aor	aidhiṣṭa				
Cao	aididhat				
Inf	edhitum				
Ger	edhitvā				
Ppp	edhita-				
Fpp					
Fpp					

G

	√ gaṇ-10	√ gad-1	√ gam-1	√ garj-1	√ garh-1
	计算、认为	说	去	吼、叫	责备
Cit	gaṇayati M	gadati	gacchati M	garjati	garhate A
Pas	gaṇyate	gadyate	gamyate, gatya	garjyate	garhyate
Fut	gaṇayiṣyati	gadiṣyati	gamiṣyati	garjiṣyati	garhiṣyate
Cau		gādayati	gamayati	garjayati	garhayati
Des	jigaṇayiṣati	jigadiṣati	jigamiṣati	jigarjiṣati	jigarhiṣate
Per	gaṇayām ā\c	jagāda	jagāma	jagarja	jagarhe A
Aor	ajīgaṇat M[①]	agādīt	agamat	agarjīt	agarhiṣṭa
Cao		ajīgadat	ajīgamat		ajagarhat
Inf	gaṇayitum	gaditum	gantum F	garjitum	garhitum F
Ger	gaṇayitvā	gaditvā	gatvā	garjitvā	garhitvā
Ppp	gaṇita-	gadita-	gata-	garjita-	garhita-
Fpp	gaṇanīya-		gamanīya-		garhaṇīya-
Fpp		gadya-	gamya-		garhya-

① M.ajagaṇat

	√ gal-1	√ gā-2	√ gāh-1	√ gu-1	√ gup-1
	落、减弱	去	投入、跳进	宣告、表扬	保卫、警惕
Cit	galati	gāti M①	gāhate A	gavate	gopāyati
Pas	galyate	gāyate	gāhyate		gupyate
Fut	galiṣyati	gāsyate	gāhiṣyate②	goṣyate	gopiṣyati③
Cau	gālayati	gāpayati	gāhayati	gāvayati	gopayati
Des	jigaliṣati	jigāsati	jigāhiṣate	jugūṣate	jugopiṣati M
Per	jagāla	jage	jagāhe	juguve	jugopa
Aor	agālit	agāt	agāhiṣṭa, agāḍha	agoṣṭa	agaupsīt
Cao	ajīgalat	ajīgapat	ajīgahat	ajagavat	ajūgupat
Inf	galitum	gātum	gāhitum④	gotum	gop(i)tum F
Ger			gāhitvā,gāḍhva		guptvā, gopitvā
Ppp	galita-		gāhita-, gāḍha-		gup(i)ta-
Fpp			gāhanīya		gopanīya-
Fpp			gāhya-		gopya-

	√ guh-1	√ gṛdh-4	√ gṝ-6	√ gṝ-9	√ gai-1
	隐藏	垂涎、觊觎	吞咽、忍受	调用、祈求	唱
Cit	gūhati M	gṛdhyati	M.girati, gilati	gṛṇāti M	gāyati
Pas	guhyate		gīryate		gīyate
Fut	gūhiṣyati⑤	gardhiṣyati	garīṣyati	garīṣyati	gāsyati
Cau	gūhayati	gardhayati	gārayati	gārayati	gāpayati
Des	jughukṣati	jigardhiṣati	jigariṣati	jigarīṣati	jigāsati
Per	jugūha	jagardha	jagāra	jagāra	jagau
Aor	agūhīt M⑥	agṛdhat	agārit	agārīt	agāsīt
Cao	ajūguhat	ajīgardhat		ajīgarat	ajīgapat
Inf	goḍhum F	gardhitum	garītum	garītum	gātum F
Ger	gūḍhvā	gardhitvā⑦			gītvā
Ppp	gūḍha-	gṛddha-	gīrṇa-	gīrṇa-	gita-
Fpp					gānīya-
Fpp	guhya-	gṛdhya-			geya-

① M.jigāti, M.gate

② ghākṣyate

③ gopsyati

④ gāḍhum

⑤ M. ghokati

⑥ M.aggyjṣat

⑦ gṛddhvā

	√gopā-1	√granth-9.1	√gras-1	√grah-9	√ghuṣ-1
	保卫、监视	构成、写作	吞咽、忍受	抓、夺、理解	测量、听、宣告
Cit	gopāyati	grathnāti①	grasati M	gṛhṇāti M	ghoṣati
Pas	gopāyyate	grathyate	grasyate	gṛhyate	ghuṣyate
Fut	gopāyiṣyati	granthiṣyati	grasiṣyate	grahīṣyati	ghoṣiṣyati
Cau	gopāyayati	granthayati	grāsayato	grāhayati	ghoṣayati
Des	jugopāyiṣati	jigranthiṣati	jigrasiṣate	jighṛkṣati	jughoṣiṣati
Per	gopāyām, āsa	jagrantha	jagrase	jagrāha M	jughoṣa
Aor	agopāyīt	agranthīt	agrasīt M	agrahīt	aghoṣīt, aghuṣat
Cao		ajagranthat		ajigrahat	ajūghuṣat
Inf	gopāyitum	granthitum	grasitum	grahītum	ghoṣitum
Ger	gopāyitvā	gra(n)thitvā	gras(i)tvā	gṛhītvā	
Ppp	gopāyita-	grathita-	grasta-	gṛhīta-	ghuṣita-②
Fpp	gopanīya-	granthanīya-		grahaṇīya-	ghoṣaṇīya-
Fpp		grathya-	grasya-	grāhya-	ghuṣya-

	√ghṛ-1.3	√ghrā-1			
	洒、撒	闻			
Cit	gharati③	jighrati			
Pas		ghrāyate			
Fut	ghariṣyate	ghrāsyati			
Cau	ghārayati	ghrāpayati			
Des		jighrāsati			
Per	jaghāra	jaghrau			
Aor	aghār(ṣ)īt	aghrāt, aghrāsīt			
Cao	ajīgharat	ajighrapat			
Inf	ghartum	ghrātum F			
Ger		jighritvā			
Ppp	ghṛta-	ghrāta-, ghrāṇa-			
Fpp					
Fpp		ghreya-			

① granthati

② ghoṣita-, ghuṣṭa-

③ jigharti

H

	√han-2	√hary-1	√has-1	√hā-3	√hā-3
	杀	欣赏、喜爱	笑	放弃	出去
Cit	hanti	haryati M	hasati M	jahāti	jihīte
Pas	hanyate		hasyate	jīyate	hāyate
Fut	haniṣyati[①]		hasiṣyati	hāsyati	hāsyate
Cau	ghātayati		hāsayati	hāpayati	hāpayati
Des	jighāṃsati	jiharyiṣati	jihasisati	jihāsati	jihāsate
Per	jaghāna M	jaharya	jahāsa M	jahau M	jahe
Aor	avadhīt M[②]	aharyīt	ahasīt	ahā(sī)t	ahāsta
Cao	ajīghanat		ajīhasat	ajīhapat	ajīhapat
Inf	hantum F		hasitum	hātum F	hātum F
Ger	hatvā		hasitvā	hitvā	hātvā
Ppp	hata-		hasita-	hīna-	hāna-
Fpp			hasanīya-		
Fpp			hāsya-		

	√hi-5	√hiṃs-1.7	√hu-3	√hṛ-1	√hṛṣ-4
	推动、激励	伤害	牺牲、奉献	拿、获得	高兴
Cit	hinoti M	hiṃsati[③]	juhoti M	harati M	hṛṣyati M
Pas	hīyate	hiṃsyate	hūyate	hriyate	hṛṣtate
Fut	heṣyati	hiṃsiṣyati	hoṣyati	hariṣyati	harṣiṣyati
Cau	hāyayati	hiṃsayati	hāvayati	hārayati	harṣayati
Des	jihīṣati	jihiṃsiṣati	juhūṣati	jihīrṣati	jiharṣiṣati
Per	jighāya M	jihiṃsa	juhāva M	jahāra M	jaharṣa M
Aor	ahaiṣīt	ahiṃsīt	ahauṣīt	ahārṣīt	ahṛṣat
Cao	ajīhayat	ajihiṃsat	ajūhavat	ajīharat	ajīhṛṣat
Inf	hetum F	hiṃsitum F	hotum F	hartum F	harṣitum
Ger		hiṃsitvā	hutvā	hṛtvā	
Ppp	hita-	hiṃsita-	huta-	hṛta-	hṛṣṭa-, hṛṣita-
Fpp		hiṃsanīya-		haraṇīya-	
Fpp		hiṃsya-	havya-	hārya-	

① haṇsyati
② 来自√vadh
③ hinasti, hiṃsanti

	√ hras-1	√ hrād-1	√ hrī-3	√ hlād-1	√ hvṛ-1
	减少、缩小	喋喋不休、慌乱	脸红、羞愧	更新、恢复	弯曲
Cit	hrasati M	hrādate	jihreti	hlādate	hvarati
Pas			hrīyate		hvaryate
Fut	hrasiṣyati	hrādiṣyate	hreṣyati	hlādiṣyate	hvariṣyati
Cau	hrāsayati	hrādayati	hrepayati	hlādayati	hvārayati
Des	jihrasiṣati		jihrīsati	jihlādiṣate	huh(v)ūrṣati
Per	jahrāsa	jahrāde	jihrāya	jahlāde	jahvāra
Aor	ahrāsīt	ahrādiṣṭa	ahraiṣīt	ahlādiṣṭa	ahvārṣīt
Cao	ajihrasat		ajihrepat	ajihladat	
Inf	hrasitum	hrāditum	hretum	hlāditum	hvartum
Ger			hrītvā		
Ppp	hras(i)ta-	hrādita-	hrīta-.hrīṇa-	hlanna-	hvṛta-
Fpp	hrāsanīya-				
Fpp					

	√ hve-1				
	叫、称呼				
Cit	hvayati M				
Pas	hūyate				
Fut	hvāsyati①				
Cau	hvāyayati				
Des	juhūṣati				
Per	juhāva M				
Aor	ahvat M②				
Cao	ajūhavat				
Inf	hvātum F				
Ger	hūtvā				
Ppp	hūta-				
Fpp					
Fpp	havya-				

① hvayiṣyati
② ahvāsīt

I

	√ī-2.1	√indh-7	√iṣ-6	√iṣ-4	√īkṣ-1
	去	点燃、照亮	要求、渴望	发送、进入、派遣	看见
Cit	eti.ayati, ayati	inddhe	icchati	iṣyati	īkṣate
Pas	īyate	idhyate	iṣyate	iṣyate	īkṣyate
Fut	eṣyati	indhiṣyate	eṣiṣyati	eṣiṣyati	īkṣiṣyate
Cau	āyayati	indhayati	eṣayati	eṣayati	īkṣayati
Des	īyiṣati	indidhiṣate	eṣiṣiṣati	eṣiṣiṣati	īcikṣiṣate
Per	iyāya, ayām\āsa	indhāṃ　C	iyeṣa	iyeṣa	īkṣāṃ　C
Aor	aiṣīt	aindhiṣṭa	aiṣīt	aiṣīt	aikṣiṣṭa
Cao	āyiyat		aiṣiṣat		aicikṣat
Inf	etum　F	indhitum	eṣitum　F[1]	eṣitum　F[2]	īkṣitum　F
Ger	itvā	indhitvā	iṣṭvā, eṣitvā	iṣṭvā, eṣitvā	īkṣitvā
Ppp	ita-	iddha-	liṭa-	iṣita-	īkṣita-
Fpp			eṣaṇīya-		īkṣaṇīya-
Fpp			eṣya-		

	√īḍ-2	√īr-2	√īś-2	√īṣ-1	
	赞扬、崇拜	移动	统治、管理	逃跑、逃避、消失	
Cit	īṭṭe	īrte	īṣṭe	īṣate	
Pas	īḍyate	īryate	īśyate		
Fut	īḍiṣyate	īriṣyate	īśiṣyate	īṣiṣyate	
Cau	īḍayati	īrayati	īśayati		
Des	īḍiḍiṣate		īśiśisate		
Per	īḍāṃ　C	īrāṃ　C	īśāṃ　C	īṣāṃ　C	
Aor	aiḍiṣṭa	airiṣṭa	aiśiṣṭa	aiṣiṣṭa	
Cao	aiḍiḍat	airirat	aiśiśat		
Inf	īḍitum　F	īritum	īśitum　F	īṣitum	
Ger	īḍitvā				
Ppp	īḍita-	īrita-, īrṇa-	īśita-	īṣita-	
Fpp		īraṇīya-			
Fpp	īḍya-	īrya-			

① eṣṭum

② aeṣṭum

J

	√jan-4	√jalp-1	√jāgṛ-2	√ji-1	√jinv-1
	被生	低声说	叫醒、激发	战胜、征服	赶快、加速
Cit	jāyate	jalpati	jāgarti	jayati M	jinvati
Pas	janyate	jalpyate	jāgaryate	jīyate	
Fut	janiṣyate	jalplṣyati	jāgariṣyati	jeṣyati M①	jinviṣyati
Cau	janayati	jalpayati	jāgarayati	jāpayati	jinvayati
Des	jijaniṣate	jijalpiṣati	jijāgariṣati	jigīṣati	
Per	jajñe	jajalpa	jajāgāra②	jigāya	jijinva
Aor	ajaniṣṭa	ajalpīt	ajāgarīt	ajaiṣīt M	ajinvīt
Cao	ajījanat			ajījapat	
Inf	janitum F	jalpitum	jāgaritum	jetum F	jinvitum
Ger	janitvā	jalpitvā		jitvā	
Ppp	jata-	jalpita-	jāgarita-	jita-	jinvita-
Fpp					
Fpp	janya-	jalpya-			

	√jīv-1	√juṣ-6	√jṝ-4	√jñā-9	√jyā-9
	活、经历、度过	盼望、品味	衰退、腐烂	知道	压倒、克服
Cit	jīvati M	juṣate A	jīryati M	jānāti M	jināti
Pas	jīvyate	juṣyate	jīryate	jñāyate	jīyate
Fut	jīviṣyati M	joṣiṣyate	jarīṣyati	jñāsyati	jyāsyati
Cau	jīvayati	joṣyati	jarayati	jñāpayati	jyāpayati
Des	jijīviṣati	jujoṣiṣate	jijīrṣati	jijñāsati	jijyāsati
Per	jijīva M	jujuṣe	jajāra	jajñau M	jijyau
Aor	ajīvīt	ajoṣiṣṭa	ajārīt, ajarat	ajñāsīt	ajyāsīt
Cao	ajījivat	ajūjuṣat		ajijñapat	
Inf	jīvitum F	joṣitum	jarītum	jñātum F	jyātum
Ger	jīvitvā		jaritvā	jñātvā	jītvā
Ppp	jīvita-	juṣṭa-	jīrṇa-	jñāta-	jīna-, jīta-
Fpp	jīvanīya-				
Fpp	jīvya-	joṣya-		jñeya-	

	√jval-1				
	宣布、刻				
Cit	jvalati M				
Pas	jvalyate				
Fut	jvaliṣyati				
Cau	jvālayati				
Des	jijvaliṣati				
Per	jajvāla				
Aor	ajrālīt				
Cao					
Inf	jvalitum				
Ger					
Ppp	jvalita-				
Fpp					
Fpp					

① jayiṣyati

② jāggārām, āsam

K

	√kath-10	√kamp-1	√kal-10	√kal-10	√kas-1
	告诉、说	挥动、颤抖	推动、猛击	计算、认为	移动
Cit	kathayati M	kampate A	kālayati M	kalayati M	kasati
Pas	kathyate	kampyate	kālyate		kaṣyate
Fut	kathayiṣyati	kampiṣyate	kalayiṣyati	kalayiṣyati	kasiṣyati
Cau	kāthayati	kampayati		kālayati	kāsayati
Des	cakathayiṣati	cikampiṣate	cikālayiṣati	cikalayiṣati M	cikasiṣati
Per	kathayām\ā	cakampe	kālayām\āsa	kalayām\āsa\c	cakāsa
Aor	acīkathat	akampiṣṭa	acīkalat M	acakalat M	akāsīt
Cao		acakampat			acīkasat
Inf	kathayitum	kampitum		kalayitum	kasitum
Ger	kathayitvā	kampitvā			
Ppp	kathita-	kampita-	kālita-	kalita-	kas(i)ta-
Fpp	kathanīya-	kampanīya-		kalanīya-	kāsanīya-
Fpp		kampya-			

	√ kāṅkṣ-1	√ kāś-1.4	√ kup-4	√ kṛ-8	√ kṛt-6
	渴望、要求	照耀	生气	做	切
Cit	kāṅkṣati	kāś(y)ate	kupyati	karoti	kṛntati
Pas	kāṅkṣyate	kāśyate	kupyate	kriyate	kṛtyate
Fut	kāṅkṣiṣyati	kāśiṣyate	kopiṣyati	kariṣyati	kartiṣyati[①]
Cau	kāṅkṣayati	kāśayati	kopayati	kārayati	kartayati
Des	cikāṅkṣiṣati	cikāśiṣate	cukopiṣati	cikīrṣati	cikartiṣati
Per	cakāṅkṣa	cakāśe	cukopa	cakāra	cakarta
Aor	akāṅkṣīt	akāśiṣṭa	akupat	akārṣīt	akṛtat, akartīt
Cao				acīkarat	acakartat
Inf	kāṅkṣitum F	kāśitum	kupitum, kopitum	kartum	kartitum
Ger	kāṅkṣitvā	kāśitvā	kupitvā	kṛtvā	kartitvā
Ppp	kāṅkṣita-	kāśita-	Kupita-	kṛta-	kṛtta-
Fpp	kāṅkṣaṇīya-	kāśanīya-		karaṇīya-	
Fpp			kopya-	kārya-	kartya-

① kartsyati

	√ kṛś-4	√ kṛṣ-1.6	√ kṝ-6	√ kḷp-1	√ kram-1.4
	变瘦	拉、拔	散播、洒满	会、能够	走、踏
Cit	kṛśyati	karṣati①	juratu	kalpate	krām(y)ati
Pas		kṛṣyate	kīryate		kramyate
Fut	karśiṣyati	karkṣyati②	karīṣyati	kalp(i)ṣyate	kramiṣyati
Cau	karśayati	karṣayati	kārayati	kalpayati	krāmayati
Des		cikṛkṣati	cikanṣati	cikalpiṣate	cikramiṣati
Per	calarśa	cakarṣa	cakāra	cakḷpe	Cakrāma M
Aor	akṛśat	akārkṣīt③	akārīt	akḷpat, akḷpiṣṭa	akramīt
Cao		acīkṛṣat		acīkḷpat	acikramat
Inf	karśitum	karṣṭum F④	karītum	kalp(i)tun F	kramitum F⑤
Ger	kṛśitvā.karśitvā	kṛṣṭvā	kīrtvā	kḷptvā, kalpitvā	krāntvā, kramitvā
Ppp	kṛśita-	kṛṣṭa-	Kīrṇa-	ka-	krānta-
Fpp		karṣaṇīya-		kalpanīya-	kramaṇīya-
Fpp		kṛṣya-	kīrya-	kalpya-	kramya-

	√ krī-9	√ krīḍ-1	√ krudh-4	√ kruś-1	√ kliś-9
	买、获得	玩、扮演	生气	大声喊	忍受、经历
Cit	krīṇāti M	krīḍati M	krudhyati	krośati	kliśnāti
Pas	krīyate	krīḍyate	krudhyate	kruśyate	kliśyate
Fut	kreṣyati M	krīḍiṣyati	krotsyati	krokṣyati	kleśiṣyati⑥
Cau	krāpayati	krīḍayati	krodhayati	krośayati	kleśayati
Des	cikrīṣati M	cikrīḍiṣati	cukrutsati	cukrukṣati	cikliśiṣati
Per	cikrāya M	cikrīḍa	cukrodha	cukrośa	cikleśa
Aor	akraiṣīt M	akrīḍīt	akrudhat	akrukṣat	akleśīt, aklikṣat
Cao	acikrapat	acikrīḍat	acukrudhat	acukruśat	
Inf	kretum F	krīḍitum	kroddhum	kroṣṭum F	kleśitum⑦
Ger	krītvā	krīḍitvā	kruddhvā	kruṣā	kliśitvā, kliṣṭvā
Ppp	krīta-	krīḍita-	kruddha-	kruṣṭa-	kliśita-, kliṣṭa-
Fpp	krayaṇīya-		krodhanīya-		
Fpp	krey(y)a-				

① Pl.kṛsati
② krakṣyati
③ akrāksīt, akṛkṣat
④ kraṣṭm
⑤ krāntum
⑥ klekṣyati
⑦ kleṣṭum

	√ kṣaṇ-8	√ kṣam-1.4	√ kṣar-1	√ kṣal-10	√ kṣi-5.9
	伤害	忍耐、持续、原谅	流动、溢	洗、拍打	破坏
Cit	kṣaṇoti M	kṣamati M①	kṣarati M	kṣālayati	kṣiṇoti②
Pas	kṣaṇyate	kṣamyate		kṣālyate	kṣīyate
Fut	kṣaṇiṣyati	kṣaṃsyati M③	kṣariṣyati	kṣālayiṣyati	kṣeṣyati
Cau	kṣāṇayati	kṣamayati	kṣārayati		kṣapayati④
Des	cikṣaṇiṣati	cikṣaṃsati M	cikṣanṣati	cikṣālayiṣati	cikṣīṣati
Per	cakṣāṇa M	cakṣāma M	cakṣāra	kṣālayām\āsa	cikṣāya
Aor	akṣaṇīt, akṣata	akṣamat⑤	akṣārīt	acikṣalat	akṣaiṣīt
Cao		acikṣamat			acikṣayat
Inf	kṣantum⑥	kṣantum F⑦	kṣaritum	kṣālayitum	kṣetum
Ger	kṣa(ṇi)tvā	kṣāntvā⑧		kṣālayitvā	kṣitvā
Ppp	kṣata-	kṣānta-, kṣamita-	kṣarita-	kṣālita-	kṣita-, kṣīṇa-
Fpp		kṣamaṇīya-			
Fpp		kṣāmya-		kṣālya-	kṣay(y)a-

	√ kṣip-6.4	√ kṣud-7	√ kṣudh-4	√ khaṇḍ-10	√ khan-1
	投掷	打碎、破坏	饿、渴望	打破、下跌	挖
Cit	kṣip(y)ati M	kṣuṇatti M	kṣudhyati	khaṇḍayati	khanati M
Pas	kṣipyate	kṣudyate	kṣudhyate		khanyate⑨
Fut	kṣepsyati	ksotsyati	kṣotsyati		khaniṣyati
Cau	kṣepayati	kṣodayati	kṣodhayati		khānayati
Des	cikṣipsati	cukṣutsati	cukṣutsati	cikhaṇḍayiṣati	cikhaniṣati
Per	cikṣepa M	cukṣoda M	cukṣodha		cakhāna M
Aor	akṣaipsīt M	akṣudat⑩	akṣudhat	acakhaṇḍat	akhānīt M
Cao	acikṣipat		acukṣudhat		
Inf	kṣeptum F	kṣodum	kṣodhitum		khanitum
Ger	kṣiptvā	kṣutvā	kṣudhitvā		khātvā, khanitvā
Ppp	kṣipta-	kṣuṇṇa-		Khaṇḍita-	khāta-
Fpp					khananīya-
Fpp	kṣepya-	kṣodya-			khānya-

① kṣāmyati
② kṣiṇāti, kṣayati
③ kṣamisyati
④ kṣāyayati
⑤ akṣaṃsta
⑥ kṣaṇitum
⑦ kṣamitum F
⑧ kṣamitvā
⑨ khāyate
⑩ akṣautsit

	√ khād-1	√ khid-6.7	√ khyā-2		
	吃	折磨	被认为		
Cit	khādati M	khindati, khintte	khyāti		
Pas	khādyate	khidyate	khyāyate		
Fut	khādiṣyati	khetsyati	khyāsyati		
Cau	khādayati	khedayati	khyāpayati		
Des	cikhādiṣati	cikhitsati	cikhyāsati		
Per	cakhāda	cikheda M	cakhyau M		
Aor	akhādīt	akhaitsīt M	akhyat		
Cao					
Inf	khāditum F	khettum	khyātum F		
Ger	khāditvā	khittvā	khyātvā		
Ppp	khādita-	khinna-	khyāta-		
Fpp	khādanīya-				
Fpp	khādya-		kheya-		

L

	√ lag-1	√ laṅgh-1	√ lajj-6	√ lap-1	√ labh-1
	坚持、依附	跳、猛增	惭愧	唠叨	获得
Cit	lagati	laṅghati M	lajjate A	lapati M	labhate
Pas		laṅghyate		lapyate	labhyate
Fut	lagiṣyati	laṅghiṣyati	lajjiṣyate	lapiṣyati	lapsyate①
Cau	lāgayati	laṅghayati	lajjayati	lāpayati	lambhayate
Des	lilagiṣati	lilaṅghiṣati	lilajjiṣate	lilapiṣati	lipsate
Per	lalāga	lalaṅgha M	lalajje	lalāpa	lebhe A
Aor	alagīt	alaṅghīt M	alajjiṣṭa	alāpīt	alabdha
Cao				alīlapat	alalambhat
Inf	lagitum	laṅghitum	lajjitum	lap(i)tum F	labdhum F
Ger	lagitvā	laṅghitvā		lapitvā	labdhvā
Ppp	lagna-	laṅghita-	lajjita-	lap(i)ta-	labdha-
Fpp	laganīya-	laṅghanīya-		lapanīya-	labhanīya-
Fpp		laṅghya-		lāpya-	labhya-

① labhiṣyate

	√lamb-1	√lal-1	√las-1	√likh-6	√lip-6
	悬挂、垂	玩、扮演	闪烁	写	诽谤、弄脏
Cit	lambhate	lalati	lasati	likhati	limpati M
Pas	lambyate		lasyate	likhyate	lipyate
Fut	lambiṣyate	laliṣyati	lasiṣyati	likhiṣyati [①]	lepsyati
Cau	lambayati	lālayati	lāsayati	lekhayati	lepayati
Des	lilambiṣate	lilaliṣati	lilasiṣati	lilikhiṣati	lilipsati
Per	lalambe		lalāsa	lilekha	lilepa M
Aor	alambiṣṭa	alalīt	alāsīt	alekhīt	alipat
Cao	alalambat	alīlalat	alīlasat	alīlikhat	alīlipat
Inf	lambitum F		lasitum	lekhitum [②]	leptum
Ger				lekhitvā [③]	liptvā
Ppp	lambita-	lalita-	lasita-	likhita-	lipta-
Fpp		lālanīya-		lekhanīya-	
Fpp	lambya-	lālya-	lāsya-	likhya-	lepya-

	√liś-6.4	√lih-2	√lī-9.4	√luṭ-1.4	√luṇṭh-10
	流泪、撕掉	舔	坚持、紧贴	卷、滚动	抢夺
Cit	liśati	leḍhi	līnāti M [④]	loṭati, luṭyati	luṇṭhayati
Pas		lihyate	līyate	loṭyate	luṇṭhyate
Fut	lekṣyati	lekṣyati M	leṣyati M [⑤]	loṭiṣyati	luṇṭhayiṣyati
Cau	leśayati	lehayati	lāyayati [⑥]	loṭayati	
Des	lilikṣati	lilikṣati	lilīṣati M	luluṭiṣati	
Per	lileśa M	lileha M	lilāya M, lalau	luloṭa	luṇṭhayām\ā
Aor	alikṣat M [⑦]	alikṣat, alīḍha	aloṭīt, aluṭat	aloṭīt, aluṭat	aluluṇṭhat
Cao	alīliśat	alīlihat	aluluṭat	aluluṭat	
Inf	leṣṭum	leḍhum	loṭitum	loṭitum	luṇṭhayitum
Ger		līḍhvā	luṭitvā	luṭitvā	luṇṭhayitvā
Ppp	liṣṭa-	līḍha-	luṭita-, loṭita-	luṭita-, loṭita-	luṇṭhita-
Fpp					
Fpp		lehya-			

① lekhiṣyati
② likhitum
③ likhitvā
④ līyate
⑤ lāsyati
⑥ lāpayati
⑦ aliśat

	√ lup-6	√ lubh-4.1	√ lū-9	√ lok-1.10	√ loc-10.
	打破、折断	渴望	切断	看	考虑、认为
Cit	lumpati 1M	lubhyati.lobhati	lunāti M	lokate	locayati M
Pas	lupyate	lubhyate	lūyate	lokyate	locyate
Fut	lopsyati	lopsyati ①	laviṣyati	lokiṣyate	locayiṣyati
Cau	lopayati	lobhayati	lāvayati	lokayati	
Des	lulupsati	lulubhiṣati	lulūṣati	lulokiṣate	
Per	lulopa M	lulobha M	lulāva M	luloke	locayām ā\c
Aor	alupat	alubhat, alobhīt	alāvīt	alokiṣṭa	alulocat M
Cao	alūlupat	alūlubhat	alīlavat	alulokat	
Inf	loptum	lobdhum	lavitum	lokitum	locayitum
Ger	luptvā	lubdhvā ②	lavitvā, lūtvā		
Ppp	lupta-	lubdha-	lūna-	lokita-	locita-
Fpp		lobhanīya-		lokanīya-	
Fpp	lopya-	lobhya-		lokya-	

M

	√ maṃh-1	√ ma(n)th-9.1	√ mad-4	√ man-4.8	√ mand-1
	生长、发展	搅拌、惹起	高兴	想	喜悦
Cit	maṃhate	mathnāti M ③	mādyati	manyate A ④	mandate
Pas	maṃhyate	mathyate	madyate	manyate	mandyate
Fut		ma(n)thiṣyati	madiṣyati	maṃsyate ⑤	mandiṣyate
Cau	mahayati	manthayati ⑥	mādayati	mānayati M	mandayati
Des	mimaṃhiṣate	mamantha	mimadiṣati	mimaṃsate	
Per	mamaṃhe	ama(n)thīt	mamāda	mene	mamanda M
Aor	amaṃhiṣṭa	amamanthat	amādīt	ama(ṃs)ta ⑦	amandīt M
Cao		ma(n)thitum F	amīmadat	amīmanat	
Inf	maṃhitum	ma(n)thitvā	maditum F	man(i)tum F	manditum
Ger	mahitvā	ma(n)thita-	maditvā	ma(ni)tvā	
Ppp	maṃhita-	mananīya-	matta-	mata-	
Fpp	maṃhanīya-	ma(n)thya-		mānanīya-	
Fpp				mānya-	

① lobhiṣyati

② lubhitvā, lobhitvā

③ ma(n)thati

④ manate

⑤ maniṣyate

⑥ māthayati

⑦ amaniṣṭa

	√ masj-6	√ mah-1.10	√ mā-2.3.4	√ mith-1	√ mil-6
	下沉、渗透	高兴	测量、估量	交往、联想	遇见
Cit	majjati　M	mahati　M[1]	māti, māyate[2]	methati　M	milati　M
Pas	majjyate	mahyate	mīyate		milyate
Fut	maṅkṣyati[3]	mahiṣyati	māsyati　M		meliṣyati
Cau	majjayati	māhayati	māpayati		melayati
Des	mimaṅkṣati	mimahiṣati	mitsati　M		mimiliṣati
Per	mamajja	mamāha　M	mamau　M	mimetha　M	memela　M
Aor	amāṅkṣīt	amahīt	amāsīt　M	amethīt　M	amelīt　M
Cao	amamajjat	amamahat	amīmapat		amīmilat
Inf	maṅktum[4]	mahitum	mātum　F	methitum	melitum
Ger	ma(ṅ)ktvā	mahitvā	mitvā	mithitvā	militvā
Ppp	magna-	mahita-	mita-	mithita-	milita-
Fpp					
Fpp			meya-		

	√ miṣ-6	√ mih-1	√ mī-9	√ mīl-1	√ muc-6
	眨眼、闪烁	小便	减少、变小	眨眼、闪烁	释放、发布
Cit	miṣati	mehati　M	mīnāti　M	mīlati	muñcati　M
Pas			mīyate	mīlyate	mucyate
Fut	meṣiṣyati	mekṣyati	meṣyati	mīliṣyati	mokṣyati
Cau		mehayati	māpayati	mīlayati	mocayati　M
Des	mimiṣiṣati	mimikṣati	mitsati	mimīliṣati	mumukṣati
Per	mimeṣa	mmimeha	mamau	mimīla	mumoca　M
Aor	ameṣīt[5]	amikṣat	amāsīt	amīlīt	amucat
Cao		amīmihat	amīmapat	amīmilat	amūmucat
Inf	meṣitum	medhum	mātum　F	mīlitum	moktum　F
Ger	miṣitvā, meṣitvā	mīḍhvā	mītvā	mīlitvā	muktvā
Ppp	miṣita-	mīḍha-	mīta-	mīlita-	mukta-
Fpp		mehanīya-			mocanīya-
Fpp					mocya-

---

① mahayati.M

② mimīte.M.

③ majjiṣyati

④ majjitum

⑤ amīmiṣat

	√ mud-1	√ muṣ-9	√ muh-4	√ mūrch-1	√ mṛ-6
	高兴	偷	犯错	变硬	死
Cit	modate	muṣṇāti	muhyati	mūrcchati	mriyate
Pas	mudyate	muṣyate	muhyate		mriyate
Fut	modiṣyate	moṣiṣyati	mokṣyati①	mūrcchiṣyati	mariḍyati
Cau	modayati	moṣayati	mohayati	mūrcchayati	mārayati
Des	mumodiṣate	mumuṣiṣati	mumuhiṣat	mumūrcchiṣati	mumūrṣati
Per	mumude	mumoṣa	mumoha	mumūrccha	mamāra
Aor	amodiṣṭa	amoṣīt	amuhat	amūrcchīt	amṛta
Cao	amūmudat	amūmuṣat	amūmuhat	amumūrcchat	amīmarat
Inf	moditum	moṣitum	mogdhum②	mūrcchitum	martum F
Ger	muditvā	muṣitvā	mugdhvā③	mūrtvā	mṛtvā
Ppp	mudita-	muṣita-, muṣṭa-	mugdha-, mūḍha-	mūr(cchi)ta-	mṛta-
Fpp					
Fpp		moṣya-			

	√ mṛg-10	√ mṛj-2	√ mṛd-9.1	√ mṛś-6	√ mṛṣ-4
	打猎、搜索	擦、惹怒	挤、压碎	接触	忘记
Cit	mṛgayate	mārṣṭi	mṛdnāti④	mṛśati	mṛṣyati M
Pas	mṛgyate	mṛjyate	mṛdyate	mṛśyate	mṛṣyate
Fut	mṛgayiṣyate	mārjiṣyati⑤	mardiṣyati	markṣyati⑥	marṣiṣyati
Cau		mārjayati	mardayati	marśayati	marṣayati
Des		mimārjiṣati	mimardiṣati	mimṛkṣati	mimarṣiṣati
Per	mṛgayāṃ C	mamārja	mamarda	mamarśa	mamarṣa M
Aor	amamṛgata	amārjīt, amārkṣit	amardīt	amārkṣīt⑦	amarṣīt M
Cao		amamārjat	amīmṛdat	amīmṛśat	
Inf	mṛgayitum	mārjitum F⑧	marditum F	marṣṭum, mraṣṭum	marṣitum
Ger		mṛṣṭvā	mṛditvā	mṛṣṭvā	mṛṣitvā⑨
Ppp		mṛṣṭa-, mārjita-	mṛdita-	mṛṣṭa-, mṛṣita-	mṛṣita-
Fpp		mārjanīya-	mardanīya-		marṣaṇīya-
Fpp				mṛśya-	

① mohiṣyati
② mohitum, moḍhum
③ mohitvā, mūḍhvā
④ mardati.M
⑤ māekṣyati
⑥ mrakṣyati
⑦ amrākṣīt
⑧ mārṣṭum
⑨ marṣitvā

	√ mnā-1	√ mluc-1	√ mlecch-1	√ mlai-1	√ mlā-2
	召回、回忆	去	快说、快语	凋谢、畏缩	凋谢、萎缩
Cit	manati	mlocati	mlecchati	mlāyati M①	mlāyati M②
Pas	mnāyate			mlāyate	mlāyate
Fut	mnāsyati	mlocişyati	mlecchişyati	mlāsyati	mlāsyati
Cau	mnāpayati		mlecchayati	mlāpayati	mlāpayati
Des	mimnāsati		mimlecchişati	mimlāsati	mimlāsati
Per	mamnau	mumloca	mimleccha	mamlau	mamlau
Aor	amnāsīt	amlucat, amlocīt	amlecchīt	amlāsīt	amlāsīt
Cao	amimnapat		amimlecchat	amimlapat	amimlapat
Inf	mnātum F	mlocitum	mlecchitum	mlātum	mlātum
Ger					
Ppp	mnāta-	mlukta-	mlişṭa-	mlāna-	mlāna-
Fpp					
Fpp	mnāya-				

N

	√ nakş-1	√ nad-	√ nand-1	√ nabh-1	√ nam-1
	达到、实现	吼叫	庆祝、高兴	爆发、爆炸	弯腰、鞠躬
Cit	nakşati M	nadati	nandati M	nabhate	namati M
Pas		nadyate	nandyate		namyate
Fut	nakşişyati	nadişyati	nandişyati		naṃsyati③
Cau		nādayati	nandayati	nabhayati	nāmayati
Des		ninadişati	ninandişati		ninaṃsati
Per	nanakşa M	nanāda M	nananda	nebhe	nanāma M
Aor	anakşīt	anādīt	anandīt	anabhat	anaṃsīt
Cao		anīnadat	ananandat		anīnamat
Inf	nakşitum	naditum	nanditum		nantum, namitum
Ger		naditvā			natvā
Ppp		nadita-	nandita-		nata-
Fpp			nandanīya-		namanīya-
Fpp			nandya-		nāmya-

① mlāti
② mlāti
③ namişyati

	√ naś-4	√ nah-4	√ nāth-1	√ nind-1	√ nī-1
	毁灭、死亡	结合、绑	乞求	责备	领导、导致
Cit	naśyati	nahyati M	nāthati M	nindati	nayati M
Pas	naśyate	nahyate	nāthyate	nindyate	nīyate
Fut	naśiṣyati①	natsyati	nāthiṣyati	nindiṣyati	neṣyati
Cau	nāśayati	nāhayati		nindayati	nāyayati
Des	ninaśiṣati	ninatsati		ninindiṣati	ninīṣati
Per	nanāśa	nanāha M	nanātha M	nininda	ninSya M
Aor	anaśat	anātsīt	anāthīt	anindīt	anaiṣīt M
Cao	anīnaśat	anīnahat		aninindat	anīnayat
Inf	naśitum②	naddhum F	nāthitum	ninditum	netum F
Ger	naśitvā③	naddhvā		ninditvā	nītvā
Ppp	naṣṭa-	naddha-	nāthita-	nindita-	nīta-
Fpp				nindanīya-	
Fpp		nāhya-		nindya-	neya-

	√ nu-2	√ nud-6	√ nṛt-4		
	赞扬、崇拜	推动、增加	跳舞、跳跃		
Cit	nauti	nudati M	nṛtyati M		
Pas	nūyate	nudyate	nṛtyate		
Fut	noṣyati④	notsyati	nartiṣyati⑤		
Cau	nāvayati	nodayati	nartayati		
Des	nunūṣati	nunutsati	ninartiṣati		
Per	nunāva	nunoda M	nanarta		
Aor	anāvīt, anauṣīt	anautsīt M	anartīt		
Cao	anūnavat	anūnudat	anīnṛtat		
Inf	notum, navitum	noditum F	nart(i)tum		
Ger	notvā	nuttvā	nartitvā		
Ppp	nutta-, nunna-	nutta-, nunna-	nṛt		
Fpp					
Fpp	nodya-	nodya-			

① naṅkṣyati
② naṃṣṭum
③ na(ṃ)ṣṭvā
④ naviṣyati
⑤ nartsyati

P

	√ pac-1	√ paṭ-1	√ paṭh-1	√ paṇ-1	√ pat-1
	烹调、煮	离开、劈开	读	议价、卖	落下、减弱
Cit	pacati M	paṭati	paṭhati	paṇate	patati M
Pas	pacyate		paṭhyate	paṇyate	patyate
Fut	pakṣyati	paṭiṣyati	paṭhiṣyati	paṇiṣyate	patiṣyati
Cau	pācayati	pāṭayati	pāṭhayati	pāṇayati	pātayati M
Des	pipakṣati	pipaṭiṣati	pipaṭhisati	pipaṇiṣate	pipatiṣati
Per	papāca M	papāṭa	papāṭha	peṇe	papāta
Aor	apākṣīt M	apāṭīt	apāṭhīt	apaṇiṣṭha	apaptat
Cao	apīpacat	apīpaṭat	apīpaṭhat	apīpaṇat	apīpatat
Inf	paltum F	paṭitum	paṭhitum F	paṇitum	patitum F
Ger	paktvā		paṭhitvā	paṇitvā	patitvā
Ppp	pakva-	pāṭa-	paṭhita-	paṇita-	patita-
Fpp		paṭanīya-	paṭhanīya-		patanīya-
Fpp		pāṭya-	pāṭhya-		pātya-

	√ pad-4	√ palāy-1	√ paś-1	√ pā-1	√ pā-2
	去	逃跑、消失	看见	喝	保护
Cit	padyate A	palāyate A	paśyati M	pibati M	pāti
Pas	padyate	palāyyate		pīyate	pāyate
Fut	patsyate	palāyiṣyate	形式来于√ dṛś	pāsyati	pāsyati
Cau	pādayati	palāyayati	形式来于√ dṛś	pāyayati	pālayati
Des	pitsate		形式来于√ dṛś	pipāsati	pipāsati
Per	pede A	palāyāṃ C		papau	papau
Aor	apatta	apalāyiṣṭa		apāt	apāsīt
Cao	apīpadat			apīpyat	apīpalat
Inf	pattum F	palāyitum		pātum F	pātum F
Ger	pattvā			pītvā	pālayitvā
Ppp	panna-	palāyita-		pīna-.pīta-	pā(li)ta-
Fpp	pādanīya-			pānīya-	pālanīya-
Fpp	pādya-			peya-	

	√ pinv-1	√ piś-6	√ piṣ-7	√ pīḍ-10	√ puṣ-9.4.1
	膨胀	装饰	折磨、磨碎	折磨、纠缠	繁荣
Cit	pinvati	pi(ṃ)śati	pinaṣṭi[1]	pīḍayati M	puṣṇāti[2]
Pas	pinvyate	piśyate	piṣyate	pīḍyate	puṣyate
Fut	pinviṣyate	peśayati	pekṣyati	pīḍayiṣyati	poṣiṣyati[3]
Cau	pinvayati	peśayati	peṣayati		poṣayati
Des		pipiśiṣati	pipikṣati	pipīḍayiṣati	pupuṣiṣati
Per	pipinva	pipeśa	pipeṣa	pīḍayām ā/c	pupoṣa
Aor	apinvīt	apeśīt	apiṣat	apīpiḍat M[4]	apuṣat, apoṣīt
Cao		apīpiśat	apīpiṣat		apūpuṣat
Inf	pinvitum	peśitum	peṣṭum	pīḍayitum F	poṣṭum, poṣitum
Ger		piśitvā	piṣṭvā	pīḍayitvā	puṣṭvā
Ppp	pinvita-	piśita-	piṣṭa-	pīḍita-	puṣṭa-, poṣita-
Fpp				pīḍanīya-	poṣaṇīya-
Fpp					poṣya-

	√ pū-9.1	√ pṣ\pṝ-3.9	√ pṛ-5.6	√ pṛc-7	√ pyāy-1
	净化	充满、满足	忙碌	混合、混淆	溢出、泛滥
Cit	punāti M[5]	piparti, pṛṇāti	pṛṇoti	pṛṇakti[6]	pyāyate
Pas	pūyate	pāryate	priyate	pṛcyate	
Fut	paviṣyati	parīṣyati	pariṣyate	parciṣyati	pyāyiṣyate
Cau	pāvayati	pārayati[7]	pārayati	parcayati	pyāyayati
Des	pupūṣati	pupūrṣati	puūrṣate	piparciṣati	pipyāyiṣate
Per	pupāva M	Papāra	papre	paparca	pipye
Aor	apāvīt M	apār(ṣ)īt	apṛta	aparcīt	apyāyiṣṭa
Cao	apīpavat	apīparat	apīparat		
Inf	pavitum	pūritum	partum	parcitum	pyā(yi)tum
Ger	pūtvā	pūrtvā		parcitvā	pyāyitvā
Ppp	pūta-	pūrṇa-, pūrta-	pṛta-	pṛkta-	pyāna-, pīna-
Fpp		pūraṇīya-			
Fpp		pūrya-			pyāyya-

① Pl.piṃṣanti

② puṣyati, poṣati

③ pokṣyati

④ apipīḍat

⑤ pavate

⑥ Pl.pṛñcanti

⑦ pūrayati

	√ pracch-6	√ prath-1	√ prī-9	√ plu-1	√ phal-1
	问	宣告、赞扬	高兴	湿透	结果、承受、果实
Cit	pṛcchati M	prathate	prīṇāti M	plavate	phalati M
Pas	pṛcchyate		prīyate	plūyate	
Fut	prakṣyati	prathiṣyate	preṣyati	ploṣyate	phaliṣyati
Cau	pracchayati	prathayati	prīṇayati	plāvayati	phālayati
Des	pipṛcchiṣati	piprathiṣate	piprīṣati	puplūṣate	piphaliṣati
Per	papraccha	paprathe	piprāya M	pupluve	paphāla
Aor	aprākṣīt	aprathiṣṭa	apraiṣīt M	aploṣṭa	aphālīt
Cao	apapracchat	apaprathat		apiplavat	apīphalat
Inf	praṣṭum F	prathitum	pretum	plotum	phalitum
Ger	pṛṣṭvā		prītvā	plutvā	phalitvā
Ppp	pṛṣṭa-	prathita-	prīta-	pluta-	phalita-
Fpp					
Fpp	pṛcchya-		priya-	plāvya-	

	√ pūj-10				
	尊敬				
Cit	pūjayati M				
Pas	pūjyate				
Fut	pūjayiṣyati				
Cau					
Des	pupūjayiṣati				
Per	pūjayām ā\c				
Aor	apūpujat M				
Cao					
Inf	pūjayitum F				
Ger	pūjayitvā				
Ppp	pūjita-				
Fpp	pūjanīya-				
Fpp	pūjya-				

R

	√ raṃh-1	√ rakṣ-1	√ rac-10	√ rañj-1.4	√ rabh-1
	赶快、加速	保护	安排、排列	染色	抓、领会
Cit	raṃhati	rakṣati	racayati	raj(y)ati M	rabhate
Pas		rakṣyate	racyate	rajyate	rabhyate
Fut		rakṣiṣyati	racayiṣyati	raṅkṣyati	rapsyate
Cau	raṃhayati	rakṣayati		rañjayati	rambhayati
Des	riraṃhiṣati	rirakṣiṣati	riracayiṣati	riraṅkṣati	ripsate
Per	raraṃha	rarakṣa	racayām\āsa	rarañja M	rebhe
Aor	araṃhīt	arakṣīt	arīracat, araracat	araṅkṣīt	arabdha
Cao	araraṃhat	ararakṣat		ararañjat	ararambhat
Inf	raṃhitum	rakṣitum F	racayitum	raṅktum	rabdhum F
Ger		rakṣitvā	racayitvā	ra(ṅ)ktvā	rabdhvā
Ppp	raṃhita-	rakṣita-	racita-	rakta-	rabdha-
Fpp		rakṣaṇīyā	racanīya-	rañjanīya-	
Fpp		rakṣya-		rañjya-	rabhya-

	√ ram-1	√ rah-1	√ rā-2	√ rāj-1	√ rādh-5
	欣赏、喜爱、享受	放弃	使用、放置	照耀	成功、继承
Cit	ramate A	rahati	rāti	rājati M	rādhnoti
Pas	ramyate, ratya			rājyate	rādhyate
Fut	raṃsyate	rahiṣyati	rāsyati	rājiṣyati	rātsyati
Cau	rāmayati	rahayati	rāpayati	rājayati	rādhayati
Des	riraṃsate	rirahiṣati	rirāsati	rirājiṣati	ri(rā)tsati
Per	reme A	rarāha	rarau M	rarāja	rarādha
Aor	araṃsta, araṃsīt	arahīt	arāsīt M	arājīt M	arātsīt
Cao	arīramat	ararahat	arīrapat	ararājat	arīradhat
Inf	ramitum F[①]	rahitum	rātum	rājitum	rāddhum
Ger	ra(n)tvā			rājitvā	rāddhvā
Ppp	rata-	rahita-	rāta-	rājita-	rāddha-
Fpp	ramaṇīya-				rādhanīya-
Fpp	ramya-				rādhya-

① ramitum

	√ rī-9.4	√ ric-7	√ riṣ-1.4	√ ru-2	√ ruc-1
	流动、淹没	离开、留下	被伤害	哭、叫喊	照耀
Cit	riṇāti M①	riṇakti M②	reṣati, riṣyati M	rauti	rocate A
Pas		ricyate		rūyate	rucyate
Fut	reṣyati	rekṣyati	reṣiṣyati	raviṣyati	rociṣyate
Cau	repayati	recayati	reṣayati	rāvayati	rocayati
Des	rirīṣati	ririkṣati	ririṣiṣati	rurūṣati	ruruciṣate
Per	rirāya M	rireca M	rireṣa	rurāva	ruroca M
Aor	araiṣīt M	aricat③	areṣīt, ariṣat	arāvīt	arucat
Cao	arīripat	arīricat	arīriṣat	arūruvat	arūrucat
Inf	retum	rektum	reṣitum, reṣṭum	ravitum, rotum	rocitum
Ger		riktvā		rutvā	rucitvā
Ppp		rikta-	reṣṭa-	ruta-	rucita-
Fpp		recanīya-			
Fpp		recya-			

	√ ruj-6	√ rud-2	√ rudh-7	√ ruṣ-1.4	√ ruh-1
	打破、弄坏	哭泣、悲叹	妨碍、阻塞	生气	生长、扩展
Cit	rujati	roditi	ruṇaddhi M④	roṣati, ruṣyati	rohati
Pas	rujyate	rudyate	rudhyate		ruhyate
Fut	rokṣyati	rodiṣyati	rotsyati	rosiṣyati	rokṣyati
Cau	rojayati	rodayati	rodhayati	roṣayati	rohayati⑤
Des	rurukṣati	rurudiṣati	rurutsati	ruruṣiṣati	rurukṣati
Per	ruroja	ruroda M	rurodha M	ruroṣa	ruroha
Aor	araukṣīt	arudat, arodīt	arudhat, arautsīt	aroṣīt, aruṣat	aruhat
Cao	arūrujat	arūrudat	arūrudhat	arūruṣat	arūruhat
Inf	roktum	roditum	roddhum⑥	roṣiṭum, roṣṭum	roḍhum F⑦
Ger	ruktvā	ruditvā, roditvā	ruddhvā	ruṣitvā⑧	rūḍhvā
Ppp	rugṇa-	rudita-	ruddha-	ruṣita-	rūḍha-
Fpp					rohaṇīya-
Fpp			rodhya-		rohya-

① riyati
② Pl.riñcanti
③ araikṣīt M.
④ Pl.rundhanti
⑤ ropayati
⑥ rodhitum
⑦ rohitum
⑧ roṣitvā, ruṣṭvā

ṛ

	√ ṛ-1.3.5	√ ṛc-6	√ ṛj-1	√ ṛdh-5.4	√ ṛṣ-6
	移动	赞扬、崇拜	获得	繁荣、成长	推动、增加
Cit	ṛcchati①	ṛcati	arjati M	ṛdhnoti.ṛdhyati	ṛṣati
Pas	aryate	ṛcyate	ṛjyate	ṛdhyate	
Fut	ariṣyati	arciṣyati	arjiṣyate	ardhiṣyati	arṣiṣyati
Cau	arpayati	arcayati	arjayati	ardhayati	arṣayati
Des	aririṣati	arciciṣati	arjijiṣate	ardidhiṣati	arṣiṣiṣati
Per	āra	ānarca	ānṛje	ānardha	ānarṣa
Aor	ārat.ārṣīt	ārcīt	ārjiṣṭa	ārdhīt	ārṣīt
Cao	ārpayat		ārjijat		
Inf	artum	arcitum	arjitum	ardhitum	arṣitum
Ger	ṛtvā	arcitvā		ardhitvā, ṛddhvā	arṣitvā
Ppp	rta-	arcita-	ṛjita-, arjita-	ṛddha-	ṛṣṭa-
Fpp		arcanīya-	arjanīya-		
Fpp	arya-	arcya-		ardhya-	

S

	√ sañj-1	√ sad-1	√ sah-1	√ sādh-5.1	√ si-5.9
	坚持、附着	坐	忍耐、持续	完成、到达	结合、绑
Cit	sa(ñ)jati	sīdati M	sahate A	sādhnoti②	sinoti M③
Pas	sajyate	sadyate	sahyate	sādhyate	sīyate
Fut	saṅkṣyati	satsyati, sīḍiṣyati	sahiṣyate④	sātsyati	siṣyati
Cau	sañjayati	sādayati M	sāhayati	sādhayati	sāyayati
Des	sisaṅkṣati	siṣatsati	sisahiṣate	siṣātsati	siṣīṣati
Per	sasañja	sasāda M	sehe A	sasādha	siṣāya M, sasau
Aor	asāṅkṣīt	asadat	asahiṣṭa	asātsīt	asaiṣīt M
Cao	asasañjat	asīṣadat	asīṣahat	asīṣadhat	asīṣayat
Inf	sa(ñ)kum F	sattum, sīditum	soḍhum F⑤	sāddhum⑥	setum
Ger	saktvā	sattvā	soḍhvā, sahitvā	sāddhvā	sitvā
Ppp	sakta-	sanna-	soḍha-	saddha-	sita-, sina-
Fpp	sañjanīya-	sādanīya-	sahanīya-	sādhanīya-	
Fpp	sajya-	sādya-	sāhya-	sādhya-	seya-

---

① ṛṇoti, iyarti
② sādhati.M
③ sināti.M
④ sakṣyate
⑤ sahitum
⑥ sādhitum

	√ sic-6	√ sidh-1	√ sidh-4	√ siv-4	√ su-5
	洒	击退、抵制	成功、继承	缝	压
Cit	siñcati M	sadhati	sidhyati M	sīvyati	sunoti M
Pas	sicyate	sidhyate	sidhyate	sīvyate	sūyate
Fut	sekṣyati	setsyati ①	setsyati	seviṣyati	soṣyati ②
Cau	secayati ③	sedhayati	sādhayati ④	sevayati ⑤	sāvayati
Des	siṣikṣati	sisedhiṣati	siṣitsati	siseviṣati	susūṣati M
Per	siṣeca M	siṣedha M	siṣedha	siṣeva	susāva M
Aor	asicat M	asedhīt	asidhat	asevīt	asauṣīt M ⑥
Cao	asīṣicat	asīṣidhat	asīṣidhat	asīṣivat	asūṣavat
Inf	sektum F	seddhum ⑦	seddhum	sevitum F	sotum
Ger	siktvā	sedhitvā ⑧	siddhvā, sedhitvā	sevitvā, syūtvā	sutvā
Ppp	sikta-	siddha-	siddha-	syūta-	suta-
Fpp		sedhanīya-			
Fpp		sedhya-		sīvya-	

	√ sū-1	√ sṛ-1	√ sṛj-6.4	√ sṛp-1	√ sev-1
	获得、成功	流动、淹没	发出、发表	爬、蔓延	服务
Cit	sūdate	sarati M	sṛjati	sarpati M	sevate
Pas		sriyate	sṛjyate	sṛpyate	sevyate
Fut	sūdiṣyati	sariṣyati	srakṣyati M	sarpsyati ⑨	seviṣyate A
Cau	sūdayati	sārayati	sarjayati	sarpayati	sevayati
Des	susūdiṣate	sisīrṣati	sisṛkṣati M	sisṛpsati	siseviṣate
Per	suṣūde	sasāra M	sasarja M	sasarpa	siṣeve
Aor	asūdiṣṭa	asarat, sārṣīt	asrākṣīt	asṛpat	aseviṣṭa
Cao	asūṣudat		asasarjat	asasarpat	asiṣevat
Inf	sūditum	sartum F	sraṣṭum F	sarp(i)tum ⑩	sevitum F
Ger		sṛtvā	ṣṛṣṭvā	sṛptvā	sevitvā
Ppp		sṛta-	sṛṣṭa-	sṛpta-	sevita-
Fpp		sāraṇīya-			sevanīya-
Fpp		sārya-	sarjya-		sevya-

① sedhiṣyati
② saviṣyati
③ siiñcayati
④ sedhayati
⑤ sīvayati
⑥ asāvīt.M
⑦ sedhitum
⑧ sidh(it)vā
⑨ srapsyati
⑩ srap(i)tum

	√ skand-1	√ stambh-9	√ stu-2	√ stṛ-5.9	√ sthā-1
	投掷、冲	支撑、鼓励	赞扬、崇拜	推翻、打倒	站
Cit	skandati	stabhnāti①	stauti M	stṛṇoti②	tiṣṭati M
Pas	ska(n)dyate	stabhyate	stūyate	staryate③	sthīyate
Fut	skantsyati	stambhiṣyati	stoṣyati	stariṣyati	sthāsyati
Cau	skandayati	stambhayati	stāvayati	stārayati	sthāpayati
Des	ciskantsati	tistambhiṣati	tuṣṭūṣati	tistirṣati	tiṣṭhāsati
Per	caskanda M	tastambha M	tuṣṭāva M	tastāra M	tasthau
Aor	aska(n)dat④	astambhīt M⑤	astauṣīt M⑥	astār(ṣ)īt M	asthāt M
Cao	acaskandat	atastambhat	atuṣṭavat	atastarat	atiṣṭhipat
Inf	skanditum	stambhitum⑦	stotum	star(ī)tum	sthātum F
Ger	skanttvā	stambhitvā⑧	stutvā	stṛtvā.stīrtvā	sthitvā
Ppp	skanna-	stabdha-	stutu-	sthita-	sthita-
Fpp		stambhanīya-	stavanīya-		
Fpp			stavya-	stheya-	stheya-

	√ snā-2	√ snih-4	√ spardh-1	√ spṛś-6	√ spṛh-10
	洗澡	爱	努力	接触	渴望
Cit	snāti	snihyati	spardhate	spṛśati M	spṛhayati
Pas	snāyate	snihyate	spardhyate	spṛśyate	spṛhyate
Fut	snāsyati M	snehiṣyati⑨	spardhiṣyate	sparkṣyati⑩	spṛhayiṣyati
Cau	snāpayati	snehayati	spardhayati	sparśayati	
Des	sisnāsati	sisnikṣati	pispardhiṣate	pispṛkṣati	pispṛhayiṣati
Per	sasnau	siṣṇeha	paspardhe⑪	pasparśa M	spṛhayām/ā
Aor	asnāsīt	asnihat	aspardhiṣṭa	asprākṣīt⑫	apispṛhat
Cao		asisṇihat		apasparśat	
Inf	snātum F	snegdhum⑬	spardhitum	aparṣṭum F⑭	spṛhayitum
Ger	snātvā	snigdhvā⑮	spardhitvā	spṛṣṭvā	spṛhayitvā
Ppp	snāta-	snigdha-, snīḍha-	spardhita-	spṛṣṭa-	spṛhita-
Fpp			spardhanīya-	sparśanīya-	spṛhāṇīya-
Fpp	sneya-	snehya-	spardhya-	spṛśya-	

① stabhnoti
② stṛṇāti.M
③ stīryate, striyate
④ askāntsīt
⑤ astambhat
⑥ astāvīt
⑦ stabdhum
⑧ stabdhvā
⑨ snekṣyati
⑩ sprakṣyati
⑪ paspṛdhe
⑫ aspārkṣīt, aspṛkṣat
⑬ snehitum
⑭ spraṣṭum.F
⑮ snihitvā

	√ sphur-6 投掷、冲	√ smi-1 笑	√ smṛ-1 记住	√ syand-1 流动、淹没	√ sru-1 流动、淹没
Cit	sphurati	snayate	smarati	syandate	sravati
Pas		smīyate	smaryate	syandyate	
Fut	sphuriṣyati	smeṣyate	smariṣyati	syandiṣyate ①	sroṣyati ②
Cau	sphorayati	smāyayati	smārayati	syandayati	srāvayati
Des	pusphuriṣati	sismayiṣate	susmūrṣate	sisyandiṣate	susrūṣati
Per	pusphora M	siṣmiye	sasmāra	sasyande	susrāva M
Aor	asphurīt ③	asmeṣṭa ④	asmārṣīt	asyandat	asrāvīt
Cao	apusphurat		asasmarat	asiṣyadat	asusravat
Inf	sphuritum	smetum F	smartum F	syan(di)tum	srotum
Ger		smitvā	smṛtvā	syan(di)tvā	
Ppp	sphurita-	smita-	smṛta-	syanna-	sruta-
Fpp		smayanīya-	smaraṇīya-		
Fpp		smāya-	smarya-		

	√ svañj-1 拥抱、皈依	√ svad-1 盼望、品味	√ svan-1 回响、大声讲	√ svap-2 睡	√ svid-4.1 流汗
Cit	svajate	svādate A	svanati	svapiti	svidyati
Pas	svajyate			supyate	svidyate
Fut	svaṅkṣyate ⑤		svaniṣyati	svapsyati	svetsyate ⑥
Cau	svañjayati	svādayati	svānayati	svāpayati	svedayati
Des	sisvaṅkṣate	sisvādiṣate	sisvaniṣate	suṣupsati	sisvidiṣate
Per	sasvañje	sasvāde	sasvāna	suṣvāpa	siṣveda M
Aor	asvaṅkta	asvaḍiṣṭa	asvānīt	asvāpsīt	asvidat
Cao	asasvañjat	asiṣvadat	asiṣvanat	asiṣvapat	asiṣvidat
Inf	sva(ṅ)ktum	svāditum	svanitum	svaptum F	sveditum ⑦
Ger	sva(ṅ)ktvā ⑧			suptvā	sviditvā
Ppp	svakta-	svadita-	svanita-	supta-	svidita- ⑨
Fpp		svādanīya-			
Fpp	svajya-	svādya-			svedya-

① syantsyate
② sraviṣyati
③ asphorīt
④ asmayiṣṭa
⑤ svajiṣyate
⑥ svediṣyate
⑦ svettum
⑧ svajitvā
⑨ svedita-, svinna-

	√ svṛ-1				
	测量、使出声				
Cit	svarati				
Pas					
Fut	svariṣyati				
Cau	svārayati				
Des	sisvariṣati				
Per	sasvāra				
Aor	asvār(ṣ)īt				
Cao	asiṣvarat				
Inf	svar(i)tum				
Ger					
Ppp					
Fpp					
Fpp	svārya-				

ś

	√ śams-1	√ śak-5.4	√ śaṅk-1	√ śap-1.4	√ śam-4.1
	赞扬、崇拜	能、会	犹豫	诅咒	安静、被安慰
Cit	śamsati M	śaknoti, śakyati	śaṅkate	śap(y)ati M	śāmyati, śamati
Pas	śasyate	śakyate	śaṅkyate	śapyate	śamyate
Fut	śaṃsiṣyati	śak(i)ṣyati M	śaṅkiṣyate	śapsyati	śamiṣyati
Cau	śaṃsayati	śākayati	śaṅkayati	śāpayati	śamayati
Des	śiśaṃsiṣati	śikṣati M	śiśaṅkiṣate	śiśapsati	śiśamiṣati
Per	śaśaṃsa M	śaśāka M	śaśaṅke	śaśāpa M	śaśāma
Aor	aśaśaṃsīt M	aśakat	aśaṅkiṣṭa	aśāpsīt M	aśamat
Cao	aśaśaṃsat	aśīśakat		aśīśapat	aśīśamat
Inf	śaṃsitum	śak(i)tum	śaṅkitum F	śap(i)tum	śamitum
Ger	śastvā, śaṃsitvā	śaktvā	śaṅkitvā	śap(i)tva	śaṃitvā, śāntvā
Ppp	śasta-	śak(i)ta-	śaṅkita-	śap(i)ta-	śānta-
Fpp	śaṃsanīya-		śaṅkanīya-		śamanīya-
Fpp	śasya-	śakya-	śaṅkya-		śāmya-

	√ śam-10 观察、庆祝、遵守	√ śās-2 指导、命令	√ śikṣ-1 学习、认知	√ śiṣ-7.1 保持、残存	√ śī-2 睡
Cit	śāmayate	śāsti	śikṣate	śinaṣṭi ①	śete
Pas	śāmyate	śiṣyate, śāsyate	śikṣyate	śiṣyate	śayyate
Fut		śāsiṣyati	śikṣiṣyate	śekṣyati M	śayiṣyate ②
Cau		śāsayati	śikṣayati	śeṣayati	śāyayati
Des	śiśāmayiṣate	śiśāsiṣati		śiśikṣati	śiśayiṣate
Per	śāmayāṃ C	śaśāsa	śiśikṣe	śiśeṣa M	śiśye
Aor	aśīśamata	aśiṣat	aśikṣiṣṭa	aśiṣat	aśayiṣṭa
Cao		aśaśāsat	aśiśikṣat	aśīśiṣat	aśīśayat
Inf	śāmayitum F	śās(i)tum	śikṣitum	śeṣṭum	śayitum F
Ger		śiṣṭvā, śāsitvā	śikṣitvā	śiṣṭvā	śayitvā
Ppp		śiṣṭa-, śāsita-	śikṣita-	śiṣṭa-	śayita-
Fpp		śāsanīya-	śikṣaṇīya-		śayanīya-
Fpp		śiṣya-		śeṣya-	

	√ śuc-1 悲伤、哀悼	√ śudh-4 被净化	√ śubh-1.6 照耀	√ śuṣ-4 干涸、住口	√ śṝ-9 挤、压碎
Cit	śocati M	śudhyati	śobhati M ③	śusyati	śṛṇāti
Pas	śucyate	śudhyate		śusyate	śīryate
Fut	śociṣyati	śotsyati	śobhiṣyati ④	śokṣyati	śarīṣyati
Cau	śocayati	śodhayati	śobhayati	śoṣayati	śārayati
Des	śuśuciṣati	śuśutsati	śuśobhisate	śuśukṣati	śiśarīṣati
Per		śuśodha	śuśobha M ⑤	śuśoṣa	śaśāra
Aor	aśocīt M ⑥	aśudhat	aśubhat ⑦	aśuṣat	aśārīt
Cao	aśūśucat	aśūśudhat	aśūśubhat	aśuśuṣat	aśīśarat
Inf	śocitum, śoktum	śoddhum	śobhitum ⑧	śoṣṭum	śarītum
Ger	śocitvā		śobhitvā		
Ppp	śocita-, śucita-	śuddha-	śobhita- ⑨	śuṣka-	śīrṇa-
Fpp	śocanīya-	śodhanīya-		śoṣaṇīya-	
Fpp	śocya-	śodhya-		śoṣya-	

① Pl.śiṃṣanti

② śeṣyate

③ śumbhati.M

④ śumbhiṣyati

⑤ śuśumbha.M

⑥ aśucat

⑦ aśumbhīt

⑧ śumbhitum

⑨ śubhita-

	√ ścut-1	√ śyai-1	√ śrath-1.9	√ śram-4	√ śrambh-1
	滴下	凝结	松脱	疲倦、厌烦	犯错
Cit	ścotati	śyāyati M	śrathati M	śrāmyati	śrambhate
Pas	ścutyate	śīyate		śramyate	
Fut	ścotiṣyati	śyāsyate	śrathiṣyati①	śramiṣyati	śrambhiṣyate
Cau	ścotayati	śyayayati②	śrāthayati③	śrāmayati	śrambhayati
Des	cuścotiṣati	śiśyāsate	śiśranthiṣati	śiśramiṣati	
Per	cuścota	śiśye	śaśrātha M④	śaśrāma	śaśrambhe
Aor	aścotīt.aścutat	aśyāsta	aśrāthīt, aśranthīt	aśramīt⑤	aśrambhiṣṭa
Cao	acuścutat		aśiśrathat	aśiśramat	
Inf	ścotitum	śyātum	śranthitum⑥	śramitum	śrambhitum
Ger			śrathitvā⑦	śrāntvā⑧	
Ppp	ścutita-, ścotita-	śyāna-, śīna-, śīta-	śṛthita-, śrathita-	śrānta-	śrabdha-
Fpp					śrambhaiya-
Fpp					

	√ śrā-2	√ śrai-1(同√ śrā-2)	√ śri-1	√ śru-5	√ ślāgh-1
	烹饪	烹饪	避难	听	信赖、吐露、委托
Cit	śrā(ya)ti		śrayati M	śṛṇoti M	ślāghate
Pas			śrīyate	śrūyate	ślāghyate
Fut	śrāṣyati		śrayiṣyati	śroṣyati	ślāghiṣyate
Cau	śrāpayati		śrāyayati⑨	śrāvayati	ślāghayati
Des	śiśrāsati		śiśrīṣati	śuśrūṣate	śiślāghiṣate
Per	śaśrau		śiśrāya M	śuśrāva	śaślāghe
Aor	aśrāsīt		aśiśriyat M	aśrauṣīt	aślāghiṣṭa
Cao	aśiśrapat		aśiśrayat	aśiśraat	aśaślaghat
Inf	śrātum		śrayitum F	śrotum F	ślāghitum
Ger			śrayitvā	śrutvā	
Ppp	śrāta-, śrāṇa-		śrita-	śruta-	ślāghita-
Fpp			śrayaīya-	śrāvaīya-	ślāghanīya-
Fpp			śrāya-	śrāvya-	ślāghya-

① śranthiṣyati
② śyāpayati
③ śranthitum
④ śaśrantha.M
⑤ aśramat
⑥ śranthitum
⑦ śranthitvā
⑧ śramitvā
⑨ śrapayati

	√ śvas-2.1	√ śvi-1			
	呼吸、流露	膨胀			
Cit	śvasiti, śvasati	śvayati			
Pas	śvasyate	śūyate			
Fut	śvasiṣyati	śvayiṣyati			
Cau	śvāsayati	śvāyayati			
Des	śiśvasiṣati	śiśvayiṣati			
Per	śaśvāsa	śiśvāya, śuśāva			
Aor	aśvasīt	aśva(yī)t			
Cao	aśiśvasat	aśuśavat			
Inf	śvasitum F	śvayitum			
Ger	śvasitvā	śvayitvā			
Ppp	śvas(i)ta-	śūna-			
Fpp	śvāsanīya-				
Fpp	śvāsya-				

T

	√ takṣ-1.5	√ taḍ-10	√ tan-8	√ tap-1	√ tam-4
	砍、坚持	打击、碰撞	伸展、张开	燃烧	昏倒、变微弱
Cit	takṣati M[①]	tāḍayati M	tanoti M	tapati M	tāmyati
Pas	takṣyate	tāḍyate	tanyate, tāyate	tapyate	
Fut	takṣ(iṣ)yati	tāḍayiṣyati	taniṣyati	tapsyati[②]	tamiṣyati
Cau	takṣayati		tānayati	tāpayati	tamayati
Des	titakṣ(iṣ)ati		titaniṣati	titapsati	
Per	tatakṣa	tāḍayām ā\c	tatāna M	tatāpa M	tatāma
Aor	atakṣīt	atītaḍat M	atānīt M	atāpsīt M	atamat
Cao	atatakṣat		atītanat	atītapat	
Inf	takṣitum	tāḍayitum	tan(i)tum	taptum F	tamitum
Ger	takṣitvā, taṣṭvā	tāḍayitvā	ta(ni)tvā	taptvā	tamitvā, tantvā
Ppp	taṣṭa-	tāḍita-	tata-	tap(i)ta-	tānta-
Fpp		tāḍanīya-			
Fpp	takṣya-	tāḍya-	tanya-	tapya-	

① takṣṇoti

② tapiṣyati

	√ tark-10	√ tij-10	√ tud-6	√ tur-6.3	√ tul-10
	推断	削尖	打击、碰撞	赶快、加速	称重、考虑
Cit	tarkayati	tejayati	tudati M	turati M[1]	tolayati M
Pas	tarkyate		tudyate		tolyate
Fut	tarkayiṣyati		totsyate		tolayiṣyati
Cau			todayati		
Des			tututsati		
Per	tarkayām\ā\c		tutoda M		tolayām ā\c
Aor	atatarkat M	tejayām\āsa	atautsīt M	atorīt	atūtulat M
Cao		atītijat M	attudat		
Inf	tarkayitum		toditum	toritum	tolayitum
Ger	tarkayitvā	tejayitum	tuttvā		tolayitvā
Ppp	tarkita-		tunna-	tūrṇa-	tolita-
Fpp	tarkaṇīya-	tejita-			
Fpp			todya-	turya-	tulya-

	√ tuṣ-4	√ tṛd-7	√ tṛp-4	√ tṛṣ-4	√ tṝ-1
	感到满意	分离、分解	感到满意	渴、渴望	横渡、穿过
Cit	tuṣyati	tṛṇatti M	tṛpyati	tṛṣyati	tarati
Pas	tuṣyate	tṛdyate	tṛpyate		tīryate
Fut	tokṣyati	tardiṣyati	tarpiṣyati[2]	tarṣiṣyati	tarīṣyati
Cau	toṣayati	tardayati	tarpayati	tarṣayati	tārayati
Des	tutukṣati	titardiṣati	titarpiṣati	titarṣiṣati	titīrṣati
Per	tutoṣa	tatarda M	tatarpa	tatarṣa	tatāra
Aor	atuṣat	atṛdat, atardīt	atṛpat[3]	atṛṣat	atār(ṣ)īt
Cao	atūtuṣat		atatarpat	atītṛṣat	atītarat
Inf	toṣṭum F	tarditum	tarp(i)tum[4]	tarṣitum	tar(ī)tum F
Ger	tuṣṭvā	tarditvā, tṛtvā	tṛptvā	tṛṣitvā, tarṣitvā	tīrtvā
Ppp	tuṣṭa0	tṛṇṇa-	tṛpta-	tṛṣṭa-	tīrṇa-
Fpp	toṣaṇīya-		tarpaṇīya-		tāraṇīya-
Fpp	toṣya-				tārya-

① tutorti

② tarpsyati, trapsyati

③ atrāpsīt, atarpīt, atārpsīt

④ traptum

	√ tyaj-1 离开、留下	√ tras-1.4 焦虑、发抖	√ trā-2 解救	√ trai-4(同√ trā-2) 解救	√ tvar-1 赶快、加速
Cit	tyajati	tras(y)ati	trāti		tvarate　A
Pas	tyajyate	trasyate	trāyate		tvaryate
Fut	tyakṣyati ①	trasiṣyati	trāsyate		tvariṣyate
Cau	tyājayati	trāsayati	trāpayati		tvārayati
Des	tityakṣati	titrasiṣati	titrāsate		titvariṣate
Per	tatyāja	tatrāsa	tatre		tatvare
Aor	atyākṣīt	atrāsīt	atrāsta		atvariṣṭa
Cao	atityajat	atitrasat	atitrapat		atatvarat
Inf	tyaktum　F	trasitum	trātum　F		tvaritum
Ger	tyaktvā	trasitvā	trātvā		tvaritvā
Ppp	tyakta-	trasta-	trāta-,trāṇa-		tvarita-,tūrṇa-
Fpp		trasanīya-			tvaraṇīya-
Fpp	tyajya-				

U

	√ ukṣ-1 撒、洒	√ uñch-1.6 扫	√ und-7 弄湿	√ ubh-9.6 限制、禁闭	√ uṣ-1 燃烧
Cit	ukṣati　M	uñchati	nuatti ②	ubhnāti ③	oṣati
Pas	ukṣyate		udyate		uṣyate
Fut	ukṣiṣyati	uñchiṣyati	undiṣyati	u(m)bhiṣyati ④	oṣiṣyati
Cau	ukṣayati	uñchayati	undayati		oṣayati
Des	ucikṣiṣati	uñcicchiṣati	undidiṣati		oṣiṣiṣati
Per	ukṣām\āsa	uñchām\āsa	undām\āsa	ubobha ⑤	uvoṣa ⑥
Aor	aukṣīt	auñchīt	aundīt	au(m)bhīt	auṣīt
Cao		auñcicchat	aundidat		
Inf	ukṣitum	uñchitum	unditum	u(m)bhitum	oṣitum
Ger					oṣitvā
Ppp	ukṣita-	uñchita-	utta-, unna-	ubdha- ⑦	uṣita- ⑧
Fpp					
Fpp					

① tyajiṣyati
② Pl.undanti
③ u(m)bhati
④ obhiṣyati
⑤ umbhām\āsa
⑥ oṣām\āsa
⑦ u(m)bhita-
⑧ oṣita-, uṣṭa-

	√ ūh-1				
	移动				
Cit	ūhati M				
Pas	ūhyate				
Fut	ūhiṣyate				
Cau	ūhayati				
Des					
Per	ūhām \ ā \ c				
Aor	auhīt M				
Cao	aujihat				
Inf	ūhitum F				
Ger	hitvā				
Ppp	ūhita-				
Fpp	ūhaniya-				
Fpp	ūhya-				

V

	√ vac-2	√ vañc-1	√ vad-1	√ vadh-1	√ van-8
	说	迷路、流浪、偏离	说	杀死	爱
Cit	vakti①	vañcati	vadati M	kanti②	vanoti M
Pas	ucyate	vacyate	udyate	vadhyate	vanyate
Fut	vakṣyati	vañciṣyati	vadiṣyati	vadhiṣyati	vaniṣyate
Cau	vācayati	vañcayati	vādayati	vadhayati	vānayati
Des	vivakṣati	vivañciṣati	vivadiṣati		vivaniṣate
Per	uvāca M	vavañca	uvāda M		vavāna M
Aor	avocat, avoci	avañcīt	avādīt M	avadhīt M	avaniṣṭa, avata
Cao	avīvacat	avavañcat	avīvadat		
Inf	vaktum F	vañcitum	vaditum F		vanitum
Ger	uktvā	va(ñ)citvā	uditvā		
Ppp	ukta-	vañcita-	udita-		vanita-
Fpp	vācanīya-	vañcanīya-	vādanīya-		vananīya-
Fpp	vācya-		vadya-		

① 1 st Sing vacmi etc. For 3rd P1. use vadanti

② 此形式来自√ han-2

	√ vand-1	√ vap-1	√ varṇ-10	√ vaś-2	√ vas-1
	敬礼、欢迎	播种、散布	描述、描画	祝愿、希望	居住
Cit	vandate A	vapati M	varyati	vaṣṭi	vasati
Pas	vandyate	upyate	varṇyate	uśyate	uṣyate
Fut	vandiṣyate	vapsyati[1]		vaśiṣyati	vatsyati[2]
Cau	vandayati	vāpayati		vāśayati	vāsayati
Des	vivandiṣate	vivapsati	vivarṇayiṣati	vivaśiṣati	vivatsati
Per	vavande A	uvāpa M	varṇayām\ā	uvāśa	uvāsa
Aor	avandiṣṭa	avāpsīt M	avavarṇat	avāśīt	avātīt[3]
Cao	avavandat	avīvapat		avīvaśat	avīvasat
Inf	vanditum F	vaptum F	varṇ(ay)itum	vaśitum	vas(i)tum
Ger	vanditvā	uptvā		uśitvā	uṣitvā, uṣṭvā
Ppp	vandita-	up(i)ta-	varṇita-	uśita-	uṣita-
Fpp	vandanīya-	vapanīya-			vāsanīya-
Fpp	vandya-	vāpya-			vāsya-

	√ vas-2	√ vas-10	√ vah-1	√ vā-2	√ vāñch-1
	穿、用	切	搬运、拿、支持	风吹、喘气	希望
Cit	vaste	vāsayati	vahati M	vāti	vāñchati
Pas	vasyate	vāsyate	uhyate	vāyate	vāñchyate
Fut	vasiṣyate[4]	vāsayiṣyati	vakṣyati[5]	vāsyati	vāñchiṣyati
Cau	vāsayati		vāhayati	vāpayati	vāñchayati
Des	vivasiṣate		vivakṣati	vivāsati	vivāñchiṣati
Per	vavase		uvāha M	vavau	vavāñcha
Aor	avasiṣṭa	avīvasat	avākṣīt	avāsīt	avāñchīt
Cao	avīvasat		avīvahat		
Inf	vasitum F	vāsayitum F	voḍhum F	vātum	vāñchitum
Ger	vasitvā		ūḍhvā	vātvā	vāñchitvā
Ppp	vasita-	vāsita-	ūḍha-	vāta-	vāñchita-
Fpp			vāhanīya-		vāñchanīya-
Fpp			vāhya-		

① vapiṣyati
② vasiṣyati
③ Dual:avāstām
④ vatsyate
⑤ vahiṣyati

	√ vāś-4	√ vic-7	√ vij-6	√ vid-2	√ vid-6
	抱怨、胡扯	分开、隔开	颤抖、振动	知道	发现、认为
Cit	vāśyate A	vinakti M①	vijate	vetti	vindati M
Pas	vāśyate	vicyate	vijyate	vidyate	vidyate
Fut	vāśiṣyate	vekṣyati	vijiṣyati	vetsyati M②	vetsyati③
Cau	vāśayati	vecayati	vejayati	vedayati M	vedayati
Des	viāśiṣate	vivikṣati	vivijiṣati	vividiṣati	vivitsati
Per	vavāśe	viveca M	vivije	viveda, veda	viveda M
Aor	avāśiṣṭa	avicat④	avijīt M	avedīt	avidat
Cao	avavāśat	avīvicat	avīvijat	avīvidat	
Inf	vāśitum	vektum	vijitum	veditum F⑤	vettum F
Ger	vāśitvā	viktvā		viditvā	viditvā
Ppp	vāśita-	vikta-	vigna-	vidita-	vidita-⑥
Fpp				veddanīya-	vedanīya-
Fpp	vāśya-	vekya-		vedya-	vedya-

	√ viś-6	√ vī-2	√ vṛ-5.9.1	√ vṛj-7.1	√ vṛt-1
	进入、开始、参加	欣赏、喜爱	覆盖、代替、包括	拧、扭动、弯曲	转动、转变
Cit	viśati	veti.eti	vṛṇoti M⑦	vṛṇakti	vartate
Pas	viśyate	vīyate	vriyate	vṛjate	vṛtyate
Fut	vekṣyati	veṣyati	varīṣyati	varjiṣyati⑧	vartiṣyate⑨
Cau	veśayati	vāyayati⑩	vārayati	varjayati	vartayati
Des	vivikṣati	vivīṣati	vivarīṣati	vivarjiṣati	vivartiṣate
Per	viveśa M	vivāya	vavāra M	vavarja M	vavarta M
Aor	avikṣat M	avaiṣīt	avārīt M	avarjīt M	avṛtat
Cao	avīviśat	avīvayat	avīvarat	avavarjat	avīvṛtat
Inf	veṣṭum F	vetum	var(ī)tum	varjitum	vartitum F
Ger	viṣṭvā		vṛtvā	varjitvā	vṛttvā, vartitvā
Ppp	viṣṭa-	vīta-	vṛta-	vṛkta-	vṛtta-
Fpp	veśanīya-		vāraṇīya-	varjanīya-	vartanīya-
Fpp	veśya-		vārya-	varjya-	vartya-

① Pl.viñcanti
② vediṣyati
③ vediḍyati
④ avaikṣīt.M
⑤ vettum
⑥ vitta-, vinna-
⑦ vṛṇāti.M
⑧ varkṣyati
⑨ vartsyati
⑩ vāpayati

	√ vṛdh-1	√ vṛṣ-1	√ vṛh-6	√ ve-1	√ vep-1
	发展、生长	下雨	流泪、撕掉	编排、纺织	焦虑、发抖
Cit	vardhate A	varṣati M	vṛhati	vayati M	vepate A
Pas	vṛdhyate	vṛṣyate	vṛhyate	ūyate	
Fut	vardhiṣyate ①	varṣiṣyati	varhiṣyati ②	vayiṣyati, vāsyati	vepiṣyate
Cau	vardhayati	varṣayati	varhayati	vāyayati	vepayati
Des	vivardhiṣate	vivarṣiṣati	vivarhiṣati	vivāsati	vivepiṣate
Per	vavardha M	vavarṣa M	vavarha	uvāya M ③	vivepe
Aor	avṛdhat	avarṣīt	avṛkṣat	avāsīt M	avepiṣṭa
Cao	avīvṛdhat	avīvṛṣat			
Inf	vardhitum	varṣitum	varhitum ④	vātum F.otum	vepitum
Ger	vardhitvā ⑤	vṛṣṭvā	varhitvā, vṛḍhvā	utvā	
Ppp	vṛddha-	vṛṣṭa-	vṛḍha-	uta-	
Fpp	vardhanīya-				
Fpp					

	√ vyac-6	√ vyath-1	√ vyadh-4	√ vraj-1	√ vraśc-6
	拥抱、皈依	遭受、忍受	进入、刺穿	开始、行进	砍、坚持
Cit	vicati	vyathate A	vidhyati	vrajati	vṛścati
Pas	vicyate	vyathyate	vidhyate	vrajyate	vṛścyate
Fut	vyaciṣyati	vyathiṣyate	vyatsyati ⑥	vrajiṣyati	vraściṣyati
Cau	vyācayati	vyathayati	vyādhayati ⑦	vrājayati	vraścayati
Des	vivyaciṣati	vivyathiṣate	vivyatsati	vivrajiṣati	vivraściṣati
Per	vivyāca	vivyathe	vivyādha	vavrāja	vavraśca
Aor	avyācīt	avyathiṣṭa	avyātsīt	avrājīt	avrākṣīt ⑧
Cao	avivyacat		avivyadhat		avavraścat
Inf	vyacitum	vyathitum	veddhum F	vrajitum	vraścitum ⑨
Ger	vicitvā	vyathitvā	viddhvā	vrajitvā	vṛṣṭvā
Ppp	vicita-	vyathita-	viddha-	vrajita-	vṛkṇa-
Fpp					
Fpp		vyathya-	vedhya-	vrajya-	

① vartsyati

② varkṣyati

③ vavau.M

④ varḍhum

⑤ vṛddhvā

⑥ vetsyati

⑦ vedhayati

⑧ avraścit

⑨ vraṣṭum

Y

	√yaj-1	√yat-1	√yam-1	√yā-2	√yac-1
	奉献、牺牲	努力、斗争	带辔头、控制、给	去	请求、需要
Cit	yajati M	yatate A	yacchati	yāti	yācati M
Pas	ijyate	yatyate	yamyate	yāyate	yācyate
Fut	yakṣyati	yatiṣyate	yaṃsyati①	yāsyati	yāciṣyati
Cau	yājayati	yātayati	yāmayati	yāpayati	yācayati
Des	yiyakṣati	yiyatiṣate	yiyaṃsati	yiyāsati	yiyāciṣati
Per	iyāja M	yete	yayāma M	yayau	yayāca M
Aor	ayākṣīt	ayatiṣṭa	ayāṃsīt	ayāsīt	ayācīt
Cao	ayīyajat	ayīyatat	ayīyamat	ayīyapat	ayayācat
Inf	yaṣṭum F	yatitum F	yantum F②	yātum F	yācitum F
Ger	iṣṭvā	yativā	yātvā	yātvā	yācitvā
Ppp	iṣṭa-	yat(i)ta-	yāta-	yāta-	yācita-
Fpp	yājanīya-	yatanīya-			yācanīya-
Fpp		yatya-			yācya-

	√yuj-7	√yudh-4	√yup-4		
	参加、结合	打架	阻止、限制		
Cit	yunakti M③	yudhyate	yupyati		
Pas	yujyate	yudhyate			
Fut	yokṣyati	yotsyati M	yopiṣyati		
Cau	yojayati	yodhayati	yopayati		
Des	yuyukṣati	yuyutsate			
Per	yuyoja M	yuyodha M	yuyopa		
Aor	ayujat④	ayuddha	ayupat		
Cao	ayūyujat	ayūyudhat			
Inf	yoktum F	yoddhum F	yopitum		
Ger	yuktvā	yuddhvā			
Ppp	yukta-	yuddha-	yupita-		
Fpp	yojanīya-	yodhanīya-			
Fpp	yogya-, yojya-	yodhya-			

① yamisyati

② yamitum

③ Pl.juñjanti

④ ayaukṣīt.M, ayokṣīt

表 14 以√nī-1“领导、导致”为例的常用动词词性变化表

	主动语态			中间语态			被动语态		
现在时陈述语气	nayati	nayataḥ	nayanti	nayate	nayete	nayante	nīyate	nīyete	nīyante
	nayasi	nayathaḥ	nayatha	nayase	nayethe	nayadhve	nīyase	nīyethe	nīyadhve
	nayāmi	nayāvaḥ	nayāmaḥ	naye	nayāvahe	nayāmahe	nīye	nīyāvahe	nīyāmahe
现在时命令语气	nayatu	nayatām	nayantu	nayatām	nayetām	nayantām	nīyatām	nīyetām	nīyantām
	naya	nayatam	nayata	nayasva	nayethām	nayadhvam	nīyasva	nīyethām	nīyadhvam
	nayāni	nayāva	nayāma	nayai	nayāvahai	nayāmahai	nīyai	nīyāvahai	nīyāmahai
现在时祈愿语气	nayet	nayetām	nayeyuḥ	nayeta	nayeyātām	nayeran	nīyeta	nīyeyātām	nīyeran
	nayeḥ	nayetam	nayeta	nayethāḥ	nayeyāthām	nayedhvam	nīyethāḥ	nīyeyāthām	nīyedhvam
	nayeyam	nayeva	nayema	nayeya	nayevahi	nayemahi	nīyeya	nīyevahi	nīyemahi
未完成时陈述语气	anayat	anayatām	anayan	anayata	anayetām	anayanta	anīyata	anīyetām	anīyanta
	anayaḥ	anayatam	anayata	anayathāḥ	anayethām	anayadhvam	anīyathāḥ	anīyethām	anīyadhvam
	anayam	anayāva	anayāma	anaye	anayāvahi	anayāmahi	anīye	anīyāvahi	anīyāmahi
完成时陈述语气	ninãya	ninyatuḥ	ninyuḥ	ninye	ninyāte	ninyire	ninye	ninyāte	ninyire
	ninetha	ninyathuḥ	ninya	ninyiṣe	ninyāthe	ninyidhve	ninyiṣe	ninyāthe	ninyidhve
	ninãya	ninyiva	ninyima	ninye	ninyivahe	ninyimahe	ninye	ninyivahe	ninyimahe
不定过去时陈述语气	anaiṣīt	anaiṣṭām	anaiṣuḥ	aneṣṭa	aneṣātām	aneṣata	anãyi	anãyiṣātām	anãyiṣata
	anaiṣīḥ	anaiṣṭam	anaiṣṭa	aneṣṭhāḥ	aneṣāthām	aneḍhvam	anãyiṣṭhāḥ	anãyiṣāthām	anãyiḍhvam
	anaiṣam	anaiṣva	anaiṣma	aneṣi	aneṣvahi	aneṣmahi	anãyiṣi	anãyiṣīvahi	anãyiṣīmahi
不定过去时祈愿语气	nīyāt	nīyāstām	nīyāsuḥ	neṣīṣṭa	neṣīyāstām	neṣīran	nãyiṣīṣṭa	nãyiṣīyāstāṃ	nãyiṣīran
	nīyāḥ	nīyāstam	nīyāsta	neṣīṣṭhāḥ	neṣīyāsthām	neṣīḍhvam	nãyiṣīṣṭhāḥ	nãyiṣīyāsthām	nãyiṣīḍhvam
	nīyāsam	nīyāsva	nīyāsma	neṣīya	neṣīvahi	neṣīmahi	nãyiṣīya	nãyiṣīvahi	nãyiṣīmahi
将来时陈述语气	neṣyati	neṣyataḥ	neṣyanti	neṣyate	neṣyete	neṣyante	nãyiṣyate	nãyiṣyete	nãyiṣyante
	neṣyasi	neṣyathaḥ	neṣyatha	neṣyase	neṣyethe	neṣyadhve	nãyiṣyase	nãyiṣyethe	nãyiṣyadhve
	neṣyāmi	neṣyāvaḥ	neṣyāmaḥ	neṣye	neṣyāvahe	neṣyāmahe	nãyiṣye	nãyiṣyāvahe	nãyiṣyāmahe
迂回将来时陈述语气	netā	netārau	netāraḥ	netā	netārau	netāraḥ	nãyitā	nãyitārau	nãyitāraḥ
	netāsi	netāsthaḥ	netāstha	netāse	netāsthe	netādhve	nãyitāse	nãyitāsathe	nãyitādhve
	netāsmi	netāsva	netāsma	netāhe	netāsvahe	netāsmahe	nãyitāhe	nãyitāsvahe	nãyitāsmahe
假定时陈述语气	aneṣyat	aneṣyatām	aneṣyan	aneṣyata	aneṣyetām	aneṣyanta	anãyiṣyata	anãyiṣyetām	anãyiṣyanta
	aneṣyaḥ	aneṣyatam	aneṣyata	aneṣyathāḥ	aneṣyethām	aneṣyadhvam	anãyiṣyathāḥ	anãyiṣyethām	anãyiṣyadhvam
	aneṣyam	aneṣyāva	aneṣyāma	aneṣye	aneṣyāvahi	aneṣyāmahi	anãyiṣye	anãyiṣyāvahi	anãyiṣyāmahi

图书在版编目(CIP)数据

基础梵文教程 / 余嘉惠著. -- 北京：社会科学文献出版社，2018.9（2023.1重印）
ISBN 978-7-5201-3242-8

Ⅰ. ①基… Ⅱ. ①余… Ⅲ. ①梵语－教材 Ⅳ. ①H711

中国版本图书馆CIP数据核字（2018）第179700号

基础梵文教程

著　　者 / 余嘉惠

出 版 人 / 王利民
项目统筹 / 孙美子
责任编辑 / 孙美子
责任印制 / 王京美

出　　版 / 社会科学文献出版社·人文分社（010）59367215
地址：北京市北三环中路甲29号院华龙大厦　邮编：100029
网址：www.ssap.com.cn
发　　行 / 社会科学文献出版社（010）59367028
印　　装 / 北京虎彩文化传播有限公司

规　　格 / 开　本：787mm×1092mm 1/16
印　张：14　字　数：222千字
版　　次 / 2018年9月第1版　2023年1月第5次印刷
书　　号 / ISBN 978-7-5201-3242-8
定　　价 / 128.00元

读者服务电话：4008918866